세계시민교육을 위한 현장수업

걸어서 만난
세계시민

1판 1쇄 발행 2022년 10월 31일

발행처 아시안허브출판사
편 집 아시안허브 출판·언론사업부
저 자 최진희, 권오걸, 김미진, 김하연, 김해연, 김홍선, 노상균, 류순이, 박예나, 부룰,
        사야카, 신윤석, 안효숙, 왕취봉, 윤 영, 이유진, 이지현, 주영아, 최충호, 황승임

진 행 장수빈, 최예은
유 통 심희진, 이윤주
자 문 이진희, 박지수, 이유진
교 정 양계성

발행인 최진희   **출판사** (주)아시안허브   **등 록** 제2014-3호(2014년 1월 13일)
주 소 서울특별시 관악구 신림로19길 46-8   **전 화** 070-8676-4585
팩 스 070-7500-3350   **홈페이지** http://asianhub.kr
동영상강좌사이트 주소 http://asianlanguage.kr   **이메일** editor@asianhub.kr

값 18,000원   **ISBN** 979-11-6620-135-6(03300)

세계시민교육을 위한 현장수업

걸어서 만난
세계시민

목차
CONTENTS

세계시민교육 강사로
살아간다는 건

지금 이 순간에도 하나가 된 세계를 이해하기 위해 다양한 기관에서 다문화강사, 세계시민 교육 강사를 양성하고 있고, 관련 교육이 진행되고 있다. 그렇다면 다문화교육과 세계시민교육은 어떻게 다른가? 다문화교육은 한국 사회로 들어온 다양한 문화를 선주민들이 받아들일 수 있도록 하는 교육이다. 세계시민교육은 현 시대를 살아가는 세계시민들의 다양한 이슈에 함께 공감하고 문제점을 찾고 해결 방안을 모색해 나아가게 하는 교육이다. 다문화교육이 우리 사회로 들어온 문화와 함께하기 위한 교육이라면, 세계시민교육은 우리 사회에서 세계로 확장된 시선을 갖고 세계 속으로 뛰어드는 교육이라 볼 수 있다.

세계시민교육과 다문화교육을 제대로 구분하지 못하고 교육의 의미를 파악하지 못한 상황에서 진행할 경우 많은 부작용을 겪을 수 있다. 최근 모 초등학교로 인권수업을 나간 적이 있다. 그 학교에 학폭위(학교폭력위원회를 줄여 부르는 말)가 열려서 인권수업이 필요한 상황이었다. 내용을 들어보니 한 학급에 베트남 출신 다문화가정 자녀가 있었다고 한다. 당시 그 아이는 다른 아이들과 잘 융화되어 특별한 문제없이 지내고 있었다. 그러다 학교 선생님의 배려로 그 반 전체가 세계시민교육 베트남 이해수업을 받게 되었다. 강사는 베트남 의상을 입고, 베트남 전통 모자를 쓰고 와서 베트남에 대해 즐겁게 소개를 하고 갔다. 그런데 학생들은 이 수업이 어떤 주제로 왜 이루어졌는지를 전혀 알지 못했다. 단지 베트남에서 왔다는 선생님이 낯선 옷과 모자를 쓰고 와서 낯선 언어를 사용한 거였다. 그때부터 학생들은 "야! 너네 엄마도 저런 옷 입고 다니냐?", "너네 엄마도 저렇게 말해?", "야! 베트남!" 하면서 이 아이를 구분 짓기 시작했다. 결국 아이들 사이에 싸움이 일어났고 학폭위까지 열렸다. 과연 싸운 아이들만의 문제일까? 그 수업의 의의를 충분히 설명하지 못한 담임선생님이나 베트남 강사에게는 문제가 없었을까? 이후 후속 처리를 어떻게 했는지 자세히 점검해 보지는 못했지만 전체적인 상황을 보면 어른들에게는 화살이 돌아가지 않았다. 그저 아이들의 싸움으로만 문제를 바라보고 싸운 아이들을 화해시키는 것으로 일단락된 듯하다.

물론 위 사례와 같은 다문화교육 체험수업이 모두 문제라는 것은 아니다. 즐거운 체험수업은 학생들이 다양한 국가를 두려움 없이 받아들이는 데 도움이 되기도 한다. 그런데 굳이 이 교육을 '세계시민교육'이라 명명하였다면 주제의식이 조금 더 명확했어야 한다. 예를 들어 수업을 듣는 학생들의 연령에 따라 '베트남 출신 이웃과 친하게 지내는 방법' 또는 '국내 베트남 인구 증가에 따른 베트남 문화 이해' 등을 주제로 교육 도입부에 학생들에게 주제를 인식시킨 후 수업 마무리에서 결과를 평가했다면 어땠을까?

이 책은 다문화강사, 세계시민교육 강사로 활동 중인 이주여성들이 교실 수업의 한계를 극복하고 모국을 조금 더 실감나게 소개하고자 직접 발로 뛰며 취재하였다. 물론 전문 기자들이 아니기에 취재 전반에 어려움도 있었고 결과물에서도 부족함이 많이 보인다. 하지만 대한민국이 다문화사회로 진입하는 데 기여하기 위해 노력하는 이주여성들의 성의를 고려하며 읽어간다면 분명 의미 있는 책이 될 것이다.

이 책의 기획에 호응해주시고 시니어 참여자를 모아 주신 서울시 50플러스 남부캠퍼스 관계자님들, 그리고 아낌없는 조언을 해 주신 서울시교육청 다문화교육지원센터 이진희 선생님, 서울대학교 이유진 학생에게 진심으로 감사의 말씀을 드린다.

그리고 무엇보다 이주민과 선주민 간의 협업이라는 어려운 활동을 해낸 우리 저자님들께 큰 박수를 보내고 싶다.

2022. 09.
아시안허브 평생교육원
원장 최진희 씀

PART 1
세계시민교육의 이해

1. 세계시민과 세계시민성

현대 사회는 전 세계 국가들이 긴밀하게 연결되어 소위 전 지구화가 가속화되고 있는 초국가 시대를 맞이하고 있다. 대한민국 1일 생활권을 강조하던 시대를 지나 이제는 국가와 국가 간 1일 생활권이 나오고, 대면이 아닌 비대면으로도 세계가 하나되어 다양한 산업을 이끌어 가고 있다.

그러나 세계화가 긍정적인 부분들만 존재하는 것은 아니다. 무분별한 자원 소비로 인한 에너지 부족, 화석연료 사용으로 인한 환경과 기후 변화, 끊임없이 반복되는 전쟁과 분쟁, 인권 침해와 빈부격차로 발생되는 불공정한 상황 등 다양한 인류 공동 문제가 발생하고 있다. 특히 국가 간의 이해관계 속에서 나타나는 분쟁과 기아, 환경오염, 기후변화 등은 한 국가가 고민해서 해결할 수 있는 문제들이 아니다. 이에 당면한 문제에 대처하고 인류의 보편적인 가치를 실천하기 위해 세계시민성을 갖춘 세계시민 양성이 더욱 중요해졌다.

그렇다면 어떤 사람이 세계시민이고 우리는 어떻게 세계시민을 양성해야 하는가? "외국어도 잘 못하고, 해외여행도 한 번 다녀온 적 없는 저는 세계시민인가요?"라고 묻는 학생이 있다면 "저는 김치도 못 먹고, 피부색도 검은 편인데 한국인인가요?"라고 묻는 것과 다를 바 없다고 말해주고 싶다. 고정관념인 것이다.

우리의 삶을 가만히 들여다보자. 이제 우리는 세계 없이는 존재할 수 없다. 우리는 일상적인 삶 전반에서 전체성과 세계성을 압도적으로 체험하고 있다. 세계의 주요 현상과 정보, 사건과 정보들은 내 손 안에서 거의 실시간으로 전달되고 있다. 언제 어디서나 나타나는 공간적 거리의 실종(distancelessness)과 시간의 동시성(synchronization)을 말한다.

게다가 지금 내가 사용하는 옷과 신발, 가구와 학용품, 핸드폰과 컴퓨터, 자동차와 음식 등 생활필수품을 하나하나 해체해서 펼쳐놓으면 그 속에 지구촌의 거의 모든 대륙과 인종이 등장한다. 우리는 매일 나라도 언어도 문화도 종교도 연령도 다른 사람들이 만든 부품들의 종합적 조합물과 함께 살아가고 있는 것이다. 이러한 시대에 살아가고 있는 우리는 모두 세계시민이 되어야 할 책임이 있는 것이 아닐까? 물론 세계시민으로 더 잘 살아가기 위해서는 선진화된 세계시민의식이 필요하다.

어느 나라의 테러 사건은 이제 그 나라만의 문제가 아니다. 각 국가의 공항들을 갑자기 폐쇄시켜 나와 가족의 여행 계획을 변경 또는 중단시킬 수 있다. 국경 밖의 내란들, 식품안전, 질병 유행, 자동차 배기가스, 미세먼지, 증시 폭락, 금리, 무역전쟁, 난민 문제는 모든 나라들 안의 문제이자 우리의 문제이며, 나의 문제로 급변하고 있다.

최근 제3국의 전쟁 때문에 우리나라 교실에서는 문제가 발생했고, 우리나라의 교실이지만 그 안에 있는 구성원은 다양했다. 러시아 출신이지만 우즈베키스탄에서 자란 후 한국으로 귀화한 다문화 강사, 러시아에서 중도 입국한 학생, 한국에서 나고 자란 학생… 이들 간에 마찰이 일어난 것이다. 이러한 일들을 계기로 우리는 세계시민교육을 다시 한번 되짚어봐야 할 것이다.

이뿐 아니라 한 난민 어린이의 감당할 수 없는 슬픈 사진이 세계인들을 울리고, 한 나라의 핵실험과 미사일 발사는 온 세계가 집중해서 제재와 협상 등 길고 긴 밀고 당김을 반복하게 하고 있다.

어느덧 세계는 이미 우리 삶에 깊이 들어와 있고, 나날을 우리와 함께 하며, 전체로서의 일상을 지배하고 있다. 문제는 단지 그러한 객관적 세계현실을 깨닫는 사람들과 그렇지 못한 사람들로 나뉠 뿐이다. 즉 세계시민의식을 갖춘 세계시민으로 살아가느냐 세계화 방관자로 역사 속에 스며드느냐의 문제인 것이다.

이제 우리는 나를 뛰어넘어 우리를, 내 국가를 뛰어넘어 세상을 바로 보는 눈을 키워야 하며 마음을 열어야 한다.

세계시민교육과 학교교육

전 세계는 2019년 이후 신종 코로나바이러스 감염증(COVID-19)로 인해 공동의 문제와 위기의식을 가지게 되었다. 이에 우리 각자의 세계시민으로서의 역할이 더욱 중요해지고 있으며, 여러 국가에서 세계시민교육의 필요성과 실천이 더욱 요청되고 있는 상황이다. 세계시민교육은 학습자들이 더 포용적이고 정의롭고 평화로운 세상을 만드는 데 이바지할 수 있도록 필요한 지식, 기능, 가치, 태도를 길러주는 교육이다. 2012년 글로벌교육우선구상(Global Education First Initiative, GEFI)에서 반기문 유엔사무총장이 추진하는 교육개발협력은 중요한 의제가 되었고, 2015년 인천 세계교육포럼에서 2030년까지 달성해야 할 과제로 세계시민교육이 선정되었다. 이후 학교 내 정규 교육과정에 적극적으로 반영되기 시작한 세계시민교육은 세계 각국 시민들이 지켜야 할 권리와 의무에 대해 학습자 스스로가 그 필요성을 인지하고, 그것을 실천하기 위한 태도를 갖추도록 하고 있다.

최근 한 지방의 교육청으로부터 '다문화교육의 방향성'에 대한 강의 요청을 받았다. 요즘 강의를 하면서 우리나라 청소년들의 다문화감수성이 매우 뛰어남을 느끼고 있던 터라 담당자와 많은 이야기를 했다. 그 지역의 특성을 잘 알아야 맞춤형 강의가 될 수 있기 때문이다. 그런데 그 지역은 여전히 다문화에 대한 부정적인 인식이 있고, 학교교육에서도 다문화교육이 형식적으로 이루어지고 있다고 말했다. 그렇다보니 다양성을 포용하는 마음이 적고, 세계시민의식보다는 지역 중심의 사고를 갖고 있다고 하였다. 기획자들조차 세계시민의식이 부족함에도 세계시민교육을 해야 하는 상황일 때, 잘못된 방향으로 가기 쉽다. 모 지방자치단체장이 다문화가정 자녀들을 위해 긍정적인 메시지를 전하고 싶어서 한 말이 "잡종이 우세다!"라고 발언한 것처럼 말이다.

세계시민의식은 단기간 배워서 습득할 수 있는 분야가 아니다. 체험과 학습 없이는 습득되기 어려운 부분이 많다. 이에 현장에서 발로 뛰는 세계시민교육 강사진이 현장교과서를 기획해서 제작에 들어갔다.

우리나라에서 이뤄지고 있는 세계시민교육을 보면 어린이집, 유치원, 초등학교의 교육과정과 재량활동시간에 시행하고 있다. 지역별 초·중·고 교육과정에서는 세계시민교육을 어떻게 교과와 연계하여 실천할 수 있는지 지역 특성과 각 교육청의 목표에 따라 세부적으로 운영된다.

이 책의 저자는 아시아 각국 출신의 아시안허브 세계시민교육 강사진과 아시아 각국의 이민자들이 한국 사회에 잘 정착하도록 지원하는 시니어들로 구성되었다.

동아시아의 중국 출신 김해연, 윤영, 대만 출신 왕취봉, 일본 출신 사야카, 동남아시아의 베트남 출신 김하연, 캄보디아 출신 이지현, 중앙아시아 우즈베키스탄 출신 이유진, 키르기스스탄 출신 부룰, 몽골 출신 박예나 등 국가별 세계시민교육 강사진은 대한민국에서 모국을 체험할 수 있는 곳을 소개하고 있다.

지역의 관련 인물 취재 및 글쓰기는 권오걸, 김미진, 김흥선, 노상균, 류순이, 신윤석, 안효숙, 주영아, 최충호, 황승임 등 세계시민의식을 가진 시니어들의 지원이 있었다.

이 책이 청소년과 교사에게는 세계시민교육 현장체험서로, 결혼이주여성에게는 다문화강사·세계시민교육 강사 활동을 위한 안내서로 조금이나마 도움이 되길 바란다.

2. 체험형 세계시민교육 사례

한 연구 논문에 의하면 한국의 초등교사들은 '소수집단을 대상화하고, 인종이나 민족만을 문화집단으로 한정하며, 의식주를 주된 문화의 내용을 보고, 교실 수업 상황이라는 미시적 환경을 다문화교육의 현장'으로 인식하는 측면이 있다. 따라서 연구자들은 한 단계 나아가는 다문화 교육을 위해 일상적 '문화' 개념에 기반을 두어 교사의 다문화교육 이해 방안을 고려해야 하며, 사회구조적 현상에 기반을 두어 교사의 다문화교육 이해 방안을 고려해야 한다고 언급하고 있다[1].

이에 아시안허브에서는 '학교로 찾아가는 세계시민교육'을 통해 다양한 국가의 전래동화, 축제, 전통 악기, 전통 놀이, 전통 의상, 전통 음식, 연극, 영화, 환경, 전쟁, 인권 등 다채로운 주제로 세계화에 접근하고 있다.

---

1) 출처 : 구정화, 연미자(2011), 근거이론 분석으로 본 초등교사의 다문화교육에 대한 개념적 인식 특성. 한국교육, 38(2), 5-27.

이주민 강사진의 세계시민교육 사례

세계시민교육
'축제 편'

몽골 출신
박예나 강사

'○○초등학교 동아시아축제 체험'은 정말 글로벌 축제장 느낌이었다. 초등학생들이 다양한 국가의 축제를 직접 체험하면서 그 국가에 관심을 갖고 배워가기 시작한다는 차원에서 교육 효과가 높은 시간이었다.

작은 학교였기에 1부는 모두 강당에 모여서 다 함께 인사하고, 학년별로 해당 나라 부스로 향했다. 처음에는 강사와 아이들이 어색하였지만, 러시아 강사님이 무대에서 러시아 전통 춤을 가르쳐주자 다함께 춤을 추면서 친해지기 시작했다. 그 다음은 일본, 태국 순으로 나라를 바꿔가며 짧게나마 전통 춤을 배웠다.

강사들도 학생들도 긴장감이 풀리고 기분이 좋아지는 순간, 사회자와 함께 아시안허브에서 준비해둔 여권을 만들기 시작했다. 코로나로 해외여행은 꿈도 못 꾸고 있던 아이들에게 여권과 국가별 스탬프 스티커는 큰 인기였다.

여권을 만들었으니 본격적인 2부가 시작되었다. 나는 2학년 11명과 함께 몽골 축제를 이어갔다. 환경을 주제로 한 다양한 몽골 체험 후 몽골 전통 가옥인 게르를 만들기로 했다. 게르 만들기와 그림 퍼즐 활동이 준비되어 있었으나 주어진 시간이 많지 않아 게르 만들기만 하고 퍼즐 그림 활동은 담당 선생님 두 분께 안내하여 전달했다. 학생들은 전시된 몽골의 동물들에 관심이 많았다.

　3, 4부는 학년별로 체험 부스를 10분씩 돌면서 국가별 축제를 즐기는 시간을 가졌다. 10분은 정말 짧은 시간이었지만 최대한 많은 체험을 하고 즐기려는 학생들의 열정이 대단했다.

　마무리는 폴라로이드 카메라로 학생들에게 인생 숏(shot)을 찍어주는 시간을 가졌는데 이 또한 인기였다. 우리는 하루 동안 6개국의 축제를 체험하고 기록으로 남길 수 있었다.

　소감 나누는 시간에 한 학생이 "게르에 대한 관심도 많아졌고, 몽골의 벌거숭이 산에 한국사람들이 나무심기를 해서 환경을 보호하고 있다는 말에 동참하고 싶어졌다."고 말을 하여 감동스러웠다. 땅은 넓지만 인구가 너무 적어서 세계인에게 잊히지 않을까 걱정했는데 조금이나마 몽골을 알리는 데 역할을 했다고 생각하니 뿌듯하기도 하고 이 직업에 대한 자부심도 생겼다.

세계시민교육 '연극 편'

일본 출신
사야카 강사

'○○초등학교 연극으로 하는 세계시민교육'은 정말 준비 기간부터 교육 당일까지 다양한 국가의 화합이 느껴졌다.

연극으로 하는 세계시민교육은 아시안허브를 만나 처음 도전하는 분야였다. 연극은 초등학교 때 한 번 해보고 성인이 되어서는 처음이었다. 그래서 강사들끼리 사전에 모여서 대본 읽기도 하고 동선도 짜는 등 준비 과정을 거쳤다.

우리가 준비한 연극은 중국 출신 박금영 강사가 시나리오를 쓴 〈우리는 다양한 가족〉이었다. 연극 연습을 하면서 강사진들도 다시 한 번 여러 나라의 문화와 관습에 대해 생각해봤다. 이 연극은 아시안허브 유튜브 채널 ahTV에서도 시청 가능하다.

https://www.youtube.com/watch?v=7aAXrX3_4el

우리는 1부에서는 ○○초등학교 학생들에게 이 연극을 보여주고 배우들과 학생들 간 다양한 문화에 대한 토크쇼를 진

행했다. 나는 이 연극의 내용처럼 한국에 와서 젓가락에서 젓가락으로 음식을 전달하는 것을 처음 목격했을 때 정말 충격이 컸고, 여자가 편하게 양반다리를 하고 앉아 있는 모습 또한 놀랐다는 경험담을 이야기했다.

그리고 2부에서는 학생들이 각 국가 부스에 가서 각각의 문화를 체험하면서 연극에서 본 배우 강사진들과 대화를 할 수 있는 시간을 가졌다. 아이들이 나를 정말 배우처럼 느끼는 것 같아서 기분이 묘하기도 했다. 역시 '백문불여일견'인가보다. 학생들에게 문화다양성을 말로만 전달하는 것보다 연극으로 직접 보여주자 질문이 터져 나왔다. 학생들은 연극에서 표현된 일본 문화를 재연해 보기도 하고, 한국은 어떻게 다른지 설명하기도 했다.

일본 체험은 에마(소원 비는 나무판) 쓰기와 하고이카 꾸미기, 하네츠키 놀이 등을 주로 했다. 학생들 중에는 일본어로 자기 이름을 써달라는 아이들도 있어서 예쁘게 써주기도 했다. 한번 빠지면 중독성이 있는 가미즈모(종이 씨름) 게임 때문에 몇몇 학생들은 끝내기를 아쉬워했다.

유카타와 기모노도 입어 보고 화지로 만든 양산도 써 보면서 일본을 물씬 느끼고 간 학생들… 많은 학생들이 일본과 한국의 역사를 배운 후 일본에 대한 선입견을 갖고 있다. 그러나 이런 시간을 통해 양 국가를 이해하고 관심을 갖게 되는 것 같아 뿌듯했다. 과거를 이해하고, 현재에 충실하며, 미래를 설계하는 청소년들의 모습을 기대해 본다.

세계시민교육
'전통 놀이 체험 편'

중국 출신
김해연 강사

'○○초·중·고등학교 전통 놀이로 하는 세계시민교육'은 정말 새로운 경험이었다.

따뜻하고 화창한 날씨에 배를 타고 섬에 있는 학교에서 강의를 하고 왔다. 글로만 읽었을 때는 낭만적인 일정 같았다. 새벽 4시에 일어나서 강화도 선착장에 가서 배를 타고 학교로 들어가면 초·중·고등학교 학생이 모두 30명이 안 되는 작은 학교가 있고, 우리는 그곳에서 전교생 대상 세계시민교육을 하는 일정이었다.

혹시나 멀미를 할까 봐 귀 밑에 붙이는 멀미약부터 만반의 준비를 했다. 멀미를 하게 되면 수업에 영향이 갈 거고, 강사에게는 자기 관리도 강의만큼 중요하기 때문이다.

오늘의 주제는 '중국 전통 놀이 체험을 통해 중국인에 대한 선입견 깨기'였다. 코로나19 등 다양한 사건으로 중국에 대한 오해와 편견이 커가는 가운데 중국을 친근하게 소개하면서 다른 국가의 국민을 존중하는 마음을 심어주고자 노력했다.

중국 체험을 하게 된 학생은 1·2교시에는 중학교 3학년 학생 4명, 3·4교시에는 초등학교 4학년과 5학년 학생 4명이었다. 시작부터 끝까지 수업 분위기가 너무 좋았다.

수업은 크게 1부, 2부로 나누어서 진행했다. 1부는 간단한 중국 문화를 소개하면서 중국의 전통 놀이에 대해 이야기했다.

그리고 2부에서는 전통 의상과 전통 놀이 체험을 했다.

중학생 같은 경우 한 명이 조금 내성적이어서 체험을 안 하겠다고 했는데 내가 가벼운 농담도 하고 말을 걸어주었더니 어느 순간 친구들과 섞여 체험을 하고 있었다. 한 가지 체험을 해 보더니 두 번째부터는 재미를 붙인 듯 스스럼없이 했다.

초등학생은 모두 4명이었는데 남학생이 3명, 여학생이 1명이었다. 보이시한 여학생은 소수민족 모자 체험을 할 때 여자 모자를 주자 언짢아했다. 그러다 소수민족 남자 모자를 집어 들고 쓰더니 얼굴에 화색이 돌았다. 내가 '친구는 멋진 모자를 좋아하는구나!'라고 했더니 고개를 살짝 끄덕였다. 뒤이어 전통 복장 체험에서도 아니나 다를까 남자 전통 복장을 골랐다. 이 모습을 보면서 내가 문화다양성을 수업하면서 남녀에 대한 고정관념을 갖고 있지 않나 반성하게 되었다.

다문화 체험에 대한 수업이 많지 않은 곳이라 학생들은 너무 신이 났고 나도 덩달아 활기차게 수업을 진행하였다. 학생 수가 많지 않다 보니 매 체험마다 성공할 때까지 넉넉하게 시간을 쓸 수 있었다. 담임선생님도 모든 체험에 참여해서 다 같이 즐겁게 노는 느낌이었다. 교감선생님까지도 중국 전통 놀이인 콩주놀이를 함께 하니 학교 전체가 커다란 가족 같았다. 이렇게 모두가 기뻐하는 수업을 할 수 있어 보람되었다.

작은 학교일수록 선생님들도 함께 참여할 수 있게 유도하여 우리의 수업이 의미있는 수업임을 모두가 인지할 수 있게 하는 것이 중요하다고 본다.

세계시민교육
'전통 문화 체험 편'

키르기스스탄 출신
부룰 강사

'○○초등학교 전통 문화로 하는 세계시민교육', 키르기스스탄과 함께 러시아를 소개하다!

오늘의 주제는 "문화적 특성에 따른 사람들의 성격을 이해하자"였다. 사실 중앙아시아는 땅이 넓고 기후가 추워서인지 한국인처럼 다정다감한 면이 부족해서 오해를 받는 경우가 많다.

아직 많은 사람들이 키르기스스탄이라는 나라를 잘 모르기 때문에 세계시민교육을 하면서 러시아 중심 수업을 많이 하게 된다. 하지만 그 과정에서 한 사람 한 사람에게 키르기스스탄이라는 국가가 있다는 사실을 알리는 것만으로도 큰 의미가 있다고 생각한다.

이 날은 아시안허브 대표님과 함께 강의를 하는 날이라 오프닝은 강당에서 다 같이 했다. 대표님이 강사진들을 한 명씩 소개했고 우리는 인사와 함께 우리가 소개할 국가 인사말을 알려줬다. 중국, 베트남, 몽골 등 다양한 국가 언어로 인사하는 아이들은 무척이나 신나 보였지만, 막상 러시아어는 다들 따라하기 어려워했다. 우리는 국가별 인사말을 배운 후, 해외여행을 떠난다는 느낌으로 여권을 만든 후 각자 교실로 떠났다.

나는 러시아로 여행 온 학생들에게 먼저 세계 지도를 보여줬다. 러시아의 위치, 땅의 크기, 국기를 알아보고 기후에 따라 살아가는 방법들을 알아봤다. 학생들은 고래를 잡아서 생

활을 유지하는 주민들을 보며 당황해 했지만 그 이유를 듣고는 그들의 생활방식을 이해했다. 그리고 키르기스스탄이 어디에 있고 러시아와 어떤 관계가 있는지에 대해서도 관심을 보여줘서 고마웠다.

러시아 문화를 알아보면서 자연스럽게 러시아의 대표적인 인형 마트료시카를 알아보고 학생들이 직접 만져보고 꾸미는 시간을 가졌다. 완성된 마트료시카로 스톱워치 게임(시간 내에 빠르게 열고 닫기 게임)을 하는데 학생들은 높은 집중력을 발휘했다. 다음 수건 게임으로 몸을 움직이자 점점 더 열기가 뜨거워졌다.

장소가 넓은 곳에서는 러시아 전통 춤을 가르쳐 주기도 한다. 학생들이 러시아 전통 문화를 통해 중앙아시아 사람들은 섬세함보다는 뜨거운 열정이 있다는 것을 느끼는 것 같았다.

세계시민교육
'전래동화 편'

러시아 출신
이유진 강사

○○○도서관에서 초등학생 대상으로 러시아 전래동화책 《《황금물고기》》를 선정하여 강의를 했다. 내가 직접 만든 모국의 동화로 수업을 한다는 건 무척이나 설레는 일이다.

러시아 동화책을 읽어본 적이 있거나, 러시아 동화책에 관심을 가지고 있는 학생들이 많아서 놀랐다.

첫 시간에는 러시안 전래동화책 묶음집에 나오는 여러 동화 그림을 통해서 러시아 문화를 살펴봤다. 그리고 러시아 언어에 관심이 있는 학생들이 있어서 소개 중간중간 러시아어로 말해주었다.

두 번째 시간부터는 《《황금물고기》》 동화를 읽고 토론도 하고 다양한 체험도 했다.

먼저 책 내용을 모르는 상태에서 워크북에 있는 그림만 보고 상상해서 질문에 답하는 시간을 가졌다. 답을 모아서 각자의 창의적인 스토리로 나만의 동화책을 만들었다. 그리고 한

명씩 앞으로 나와서 자기가 만든 책을 소개하는 시간을 가졌는데 정말 재미있는 동화들이 탄생했다. 초등학생이지만 놀라울 정도로 글솜씨도 뛰어나고, 생각하는 방식이 다양하고 창의적이어서 깜짝 놀랐다.

발표한 후에 《황금물고기》 동화책을 한국어로 읽어보고 실제 내용과 상상한 내용을 비교해서 토론하는 시간을 가졌다. 아주 뜨거운 토론 시간이었다. 의견이 달라서 서로 싸울까 봐 걱정을 했지만 학생들은 각자의 생각이 다르고, 국가마다 문화가 다르다는 멋진 결론을 내 주었다.

마지막 시간 '나는 황금물고기를 만나게 되면 어떤 소원을 빌까?'에 대해 생각해 보았다. 다양한 소원을 담아 황금물고기 액자를 만들었다. 액자에는 소원과 함께 예쁜 그림도 그려 넣었다. 수업에 따라 여학생이 많을 때는 황금물고기 팔찌 만들기를 할 때도 있다.

학생들이 러시아 동화책을 통해 러시아 문화와 언어에 관심을 갖고, 사고력을 확장시켜 나아가는 모습을 보고 뿌듯함을 느꼈다.

앞으로 더 많은 러시아 동화를 한국사회에 소개하고 싶다.

PART 2
현장에서 만나는
세계시민교육

중앙아시아

서울 광진구에서 시작된
몽골 탐방

서울 중구의
중앙아시아 거리를 중심으로 소개하는
우즈베키스탄, 키르기스스탄, 러시아

중앙아시아

서울 광진구에서 시작된
몽골 탐방

취재진 소개

왼쪽부터 다문화사회 전문가를 꿈꾸는 사회복지사 신윤석, 몽골에 다시 가보는 것을 버킷리스트 최우선으로 하는 류순이, 아시안타임즈 학생기자단 이은실, 한국에 유학을 왔다가 지금의 남편을 만나 정착한 세계시민교육 강사 박예나 (절자르갈)

아과 몽꼬 울루스 Агуа Монгол Улс
'위대한 몽골국'

    광진구로의 첫걸음이 한국에서 몽골을 찾는 시작점이 되었다. 무엇인가를 소개한다는 것은 쉬운 일이 아니다. 특히 이제 다문화와 함께해야만 하는 청소년들에게 무엇을, 어떻게 알려야 할지 많이 고민되었다. 좋은 책을 만들기 위하여 팀원들은 각자 역할 분담을 하였다. 몽골 출신 박예나는 현지의 최신정보를 수집하고, 다시 한 번 몽골 여행을 꿈꾸는 류순이는 추억의 껍질들을 벗겨내어 현장감을 더하였다. 그리고 언젠가는 고비사막의 넓은 초원에서 말을 타고 달려보고 싶은 신윤석은 인터넷에 매달려 국내외의 여러 정보를 뒤졌다. 이 책을 접하는 학생들이 몽골이라는 나라에 쉽게 접근할 수 있고, 모두가 함께할 수 있도록 하는 것에 초점을 두었다.

01
몽골
이해하기

인구보다 가축이 20배나 많은 땅,
몽골!

동북아시아 서북부에 있는 내륙국가로 북쪽으로 러시아, 남쪽으로는 중국과 접경을 하고 있다. 고원 국가로서 전 국토의 40%가 잔풀이 자라는 황무지며, 서부 지역은 산악 지역으로 알타이산맥이 있고, 북부 지역은 밀림과 농경지, 동남부는 평원 및 사막 지대다. 외국에 이주하며 살아가는 사람으로서 엄마의 따뜻한 품과 같이 꿈속에서라도 안기고 싶은 곳이다.

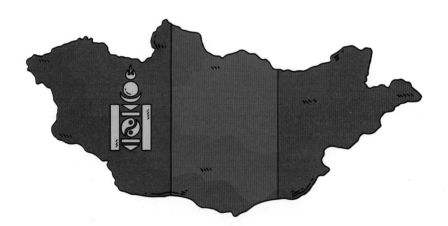

인구는 약 340만 명 정도로 부산 인구와 비슷하다. 그런데 국토는 한반도의 7.4배로 어마어마하게 크다. 수도는 울란바토르, 90%의 할흐 몽골족과 카자흐족, 브리야트계 몽골족 등 17개 부족으로 이루어져 있다. 주산업은 목축업으로 염소, 양, 소, 말, 낙타 등이 6,700만 두가 넘는다. 그리고 석탄, 동, 철, 형석, 원유, 우라늄, 몰리브덴, 텅스텐, 주석, 니켈, 아연, 금, 희토류와 같은 천연자원을 보유하고 있다.

한국과 몽골은 1990년 3월 26일 수교하였으며, 외교 관계 수립 이전에는 원료(섬유원료)를 수입해 제품(섬유제품)으로 만들어 수출하는 교역구조였다. 1990년 이후부터는 의료용 기기, 컴퓨터, 승용차, 화물자동차 등 기계류가 수출되었고, 철광석·비금속광물·동광 등의 광물자원이 수입되기 시작하면서 품목이 점차 다양화되고 있다. 현재 한국에는 노동자, 유학생, 결혼이민자 등 약 5~6만 명 정도가 거주하고 있다. 몽골 인구의 2% 정도가 한국에 거주하고 있는 셈이다. 이 수치로 보면 몽골의 한국에 관한 관심과 인기가 높음을 알 수 있다.

칭기즈칸의 제국! '이흐 몽골 올스(Ikh Mongol Uls)'

"끈기 있게 행동하라. 진정한 적은 외부에 있는 것이 아니라 내부에 있다. 나는 내게 거추장스러운 것을 모두 없애버렸다. 나를 극복하는 순간 칭기즈칸이 되었다."

누구나 자신을 돌아보기 위해 꼭 한번 새겨들어야 하는 너무 멋진 말이다. 칭기즈칸의 명언 중 하나다.

1995년 12월 31일자 미국 〈워싱턴포스트〉 지는 지난 천 년(1001~2000년)의 인물 중 가장 중요한 인물로 칭기즈칸을 뽑았다. 1천 년을 대표할 만한 후보들은 많은데, 무슨 이유로 칭기즈칸을 가장 중요한 인물로 꼽았을까? 그 이유는 그의 역사는 짧았지만, 세상을 바꿔 놓았기 때문이다.

칭기즈칸 제국은 13세기 무렵에 태평양에서 동유럽, 시베리아에서 페르시아만까지 영토를 넓혔다. 가장 큰 단일 제국, 가장 큰 육상 제국, 가장 큰 유목 제국, 가장 큰 황제국으로, 오늘날까지도 이렇게 큰 나라는 없었다. 동서양 교류의 새로운 장을 연 역사적으로 중요한 국가로, 몽골 역사상 황금기자 최전성기였다. 이 시기를 몽골인들은 '예케 몽골 울루스(Yeke Mongyol Ulus)'라고 했다. '대몽골국'이라는 뜻이다. 몽골인들에게는 살아 있는 전설이다.

고비 사막

푸른 하늘의 반짝이는 은하수들이 하염없이 쏟아지는 곳. 몽골을 상상하면서 대부분 거대한 사막과 드넓은 초원 떠올린다. 그 모습은 주로 알타이 산맥 동단에서 싱안링 산맥 서쪽 기슭에 동서 1,600km, 남북 500~1,000km에 걸쳐 있는 거대한 땅인 고비 사막이다. 고비란 몽골어로 '풀이 잘 자라지 않는 거친 땅'이란 뜻으로, 고비 사막 대부분 지역은 암석사막을 이루어 모래사막으로 된 지역은 매우 적다. 또 일반적으로 고비 사막이라 부르는 지역 범위 안에는 넓은 초원지대가 포함되어 있다. 몽골여행을 하려면 몽골의 여름에 해당하는 6월부터 9월 말까지가 적기이다. 이 시기 초원에는 이름을 알 수 없는 허브향이 나는 야생초가 지평선 저 끝까지 펼쳐져 있다. 야생마들이 한가로이 풀을 뜯는 모습과 어울려 최고의 지상 낙원을 경험할 수 있다.

몽골은 아시아의 대표 내륙국이다. 삼면이 바다로 둘러싸여 있는 한국은 바다를 쉽게 접할 수 있지만, 몽골은 육지 가운에 들어 있어 바다가 없다. 그런데 몽골인들한테도 '바다'와 같은 존재인 아주 맑은 물을 가지고 있는 거대한 홉스굴 호수가 있다. 이 호수는 면적이 2,760km이며, 제주도보다 1.5배 크다. 숲이 우거진 언덕과 꽃이 가득 핀 초원으로 둘러싸여

있다. 호리골 사리닥 산맥이 굽어보는, 수정처럼 맑은 물은 몽골에서 가장 크고 가장 깊은 호수를 이루며, 지구상에 존재하는 담수의 2%를 차지한다고 한다. 몽골인들은 이 호수를 신성시하며 '어머니의 바다'라고 부른다. 이름을 알 수 없는 야생초가 반겨주는 드넓은 호수를 끼고, 초원에서 말을 달리는 상상을 해 보자. 생각만 해도 가슴이 벅차오른다.

홉스굴 호수

몽골의 의식주

의(衣)

몽골의 전통 의상은 '델'이라고 한다. 델은 다 떨어져 버릴 때까지 세탁해서 입으면 안 되는 전통이 있다. 사막이나 초원은 물이 귀하다. 먹을 물도 없는데 옷을 빨아 입으면 엄청난 사치로 여겨 칭기즈칸 때는 옷을 빨아 입으면 사형에 처하라는 법률까지 있었다고 한다. 우리나라는 아직 물 부족국가는 아니다. 하지만 무분별한 개발이 이루어지고, 치수하지 못한다면, 우리에게도 옷을 빨아 입지 못하는 일이 일어날지도 모른다.

식(食) 몽골의 식문화는 유제품과 육류가 주를 이루고 있다.

■ 호쇼르

몽골식 튀김 만두. 밀가루로 만두피를 만들고 속 재료는 양고기나 소고기를 넣는다. 요즘은 고기보다 채소를 좋아하는 사람들이 생겨서 양배추, 감자, 김치 등을 넣기도 한다. 평상시는 반달 모양으로 만들고, 몽골 축제인 나담 때는 둥글게 만든다. 중국집에서 먹을 수 있는 군만두와 비슷한데 그것보다 두세 배 크다.

■ 샐러드

호쇼르를 먹을 때는 느끼하므로 양배추 샐러드를 곁들여 먹는다. 우리나라 식탁에도 자주 오르는 샐러드와 별반 차이가 없다.

■ 수태차

몽골어로 '우유차'라는 뜻으로, 몽골인들이 가장 즐겨 먹는 차다. 찬물에 찻잎을 넣고 차가 우러나오면 우유와 버터, 소금을 약간 넣어준다. 그리고 차가 끓으면 찻잎을 걸러내고 마신다. 기름진 음식을 먹은 후 수태차를 마시면 느끼한 맛이 사라진다. 몽골인이 아니면 배탈이 나는 경우도 있다고 하니 조심해서 먹어야 한다. .

■ 허르헉

몽골인은 보통 양고기 한 마리를 잡아 한꺼번에 요리한다. 고기를 제거한 양가죽 속에 불에 30분 이상 뜨겁게 달군 매끈매끈한 차돌, 양고기, 마늘, 감자, 당근 등을 번갈아 가며 켜켜이 넣어 놓고 입구를 막고 기다리면 된다. 우리나라의 설날에 먹는 갈비찜과 비슷하다. 그런데 특별한 날에 먹는 음식이어서 허르헉을 하는 음식점을 찾기가 쉽지 않다. 몽골 식당에 사전 예약하면 가능하다. 20명 정도의 행사에 양 한 마리면 충분하다. 수소문해서라도 꼭 한번 먹어보길 권한다.

주(住)

　몽골식 전통주택 주택을 '게르'라고 한다. 게르 짓기를 소개하면, 먼저 둥근 지붕인 투노와 투노를 받쳐주는 기둥인 바가나를 끈으로 묶어 게르 중앙에 자리를 잡아준다. 그런 다음 벽체 역할을 하는 카나를 둥그렇게 펴서 벽체를 만든다. 게르의 뼈대가 세워지면 게르 안에 기둥의 그림자가 생기는데, 옛날에는 이 그림자가 해시계 역할을 했다고 한다. 게르는 이동이 잦은 유목민들에게 적합한 집이다. 성인 4~5명이 1시간 정도면 지을 수 있다. 원래 게르 생활은 물이 부족하고 화장실도 없어서 불편했다. 하지만 최근에는 여행자를 위한 숙박용 게르가 생겼다. 이곳은 샤워실과 화장실이 갖추어져 있어 지내기에 큰 불편함이 없다.

02
한국에서
몽골 체험하기

다름과 같음을
알 수 있는
**몽골 울란바타르
문화진흥원**과
재한 몽골학교

몽골 울란바타르 문화진흥원은 광진구 광장동에 위치한 재한몽골학교와 같이 있다. 입구에 들어서면 운동장에서 체육수업을 받는 몽골 학생들이 보인다. 그런데 여기가 한국학교인지 외국인 학교인지 구분이 안 된다. 왜냐하면 그들의 외모가 한국인과 별반 다르지 않기 때문이다. 조금 더 가까이 다가가서 그들이 하는 말을 들어야 그들이 외국인임을 알 수 있다. 겉모습은 한국인과 비슷하지만, 언어와 문화는 다르다. 이곳에 들어가는 순간 같음과 다름을 직접 체험하게 된다.

주한 몽골 울란바타르 문화진흥원
서울특별시 광진구 광장로 1
전   화 02)446-4195

몽골과 수교를 한 지 30여 년이 되었지만, 차이나타운과 같은 몽골인 집단 주거지는 찾을 수가 없었다. 다행히 광진구에 몽골 울란바타르 문화진흥원과 몽골학교가 있어 그곳을 방문하였다. 그곳은 지하철 5호선 광나루역 1번 출구에서 도보로 10분 정도면 갈 수 있다. 아차산 끝자락이다. 주변에 구의 야구공원, 아차산 배수지 체육공원, 광진구 시니어파크 등 편의 시설이 있어 함께 둘러볼 수도 있다.

이 기관은 2001년 개관하여, 한국과 몽골의 우호증진을 위한 중요한 가교역할을 하고 있다. 몽골어학당, 국내 유치원과 초·중·고 학생을 위한 몽골문화 이해교육, 몽골봉사단, 서울 몽골 '가족 나담' 등의 프로그램을 운영 중이다.

재한 몽골학교에는 현재 12학년 약 300여 명의 학생이 현지어로 수업을 듣고 있다. 이곳에 가면 몽골 의상, 생활 도구, 몽골식 주택 '게르' 모형, 몽골 악기 마두금과 몽골 화가가 그린 몽골의 풍경화나 사진 등을 만날 수 있다. 운동장이나 교실에서 만나는 학생들이 한국어와 몽골어를 유창하게 할 때는 여기가 한국 속의 몽골임을 느낄 수 있다. 이번 학기 현장학습 시간에 꼭 한번 방문해서 체험해 보기를 강력히 추천한다.

■ 몽골어학당, 사이버 몽골어학당

사업, 여행, 선교, 학문 등 다양한 목적으로 몽골어를 배우고자 하는 사람들에게 몽골인 현지 강사로부터 직접 배울 수 있다. 오프라인 강의는 주당 4시간 12주 48시간으로 1인당 수강료는 30만 원(수강생 10명 기준)이다. 그리고 거리상 시간상의 이유로 문화원을 직접 방문하기 어려운 사람들은 인터넷(http://www.cbmongol.org/) 을 통해서도 수강할 수 있다. 90일 수강료가 42,000원이었으나 현재는 무료로 수강할 수 있다. 몽골 자유여행을 준비하고 있거나, 사업을 하고자 하는 사람들에게 유용한 프로그램이다.

■ 몽골문화 이해교육

우리나라 유치원과 초·중·고 학생들에게 몽골의 역사와 문화를 알려 주고, 몽골 홍보 영상, 몽골의 전통 물품 관람, 복식과 음식 체험(인근의 몽골 식당에서 주문 가능함)을 통해 몽골을 쉽게 이해할 수 있도록 도와주고 있다. 20명 이상 단체 예약제로 운영되며, 1인당 3천 원의 관람 비용이 있다. 견학 시간은 2시간 이내다.

■ 몽골아웃리치-몽골봉사단

여름방학을 이용하여 한국 청소년들이 봉사단을 구성하여 몽골 빈민지역 봉사, 나무 심기, 교육 봉사활동 등을 하며 몽골의 역사, 문화를 탐방할 수 있다. 평화봉사단 활동을 계획하고 있다면, 몽골 울란바타르 문화진흥원 담당자(☎ 02-446-4199)와 상의하면 된다. 봉사 장소, 봉사 목적, 일정 등 다양한 정보를 얻을 수 있고 함께 참여할 수도 있다.

■ 몽골 전통 축제 나담

나담은 활쏘기, 몽골 전통 씨름, 말타기 대회 등을 하는 몽골의 전통 문화축제 행사다. 문화진흥원에서는 한국에 사는 몽골인들이 가족과 함께 몽골 전통 축제인 '나담'을 즐길 수 있도록 해마다 개최하고 있다. 그리고 몽골인들이 많이 거주하는 지방에서도 자체적으로 나담 축제를 하고 있다. 몽골에서처럼 똑같은 프로그램으로 마련하기는 어렵지만, 씨름과 활쏘기 대회를 펼치고, 전통 무용과 전통 악기 연주도 선보이고, 노래자랑도 하고, 전통 음식도 만들어 나눠 먹는다.

몽골 음식문화 체험,
동대문 몽골타운

한 나라를 제대로 이해하려면 그 나라의 음식을 먹어 봐야 한다. 지금부터 몽골 음식문화 체험을 하러 가 보자.

뉴금호타워
서울특별시 중구 을지로44길 12

지하철 4호선 동대문역사문화공원역 8번 출구에서 나와서 20미터쯤 가다가 오른쪽으로 돌면 몽골타운 빌딩이 정면으로 보인다. 몽골타운 인근을 광희동 '중앙아시아 거리'라고 한다. 몽골 언어는 키릴 문자로 정교회권 슬라브계 국가와 중앙아시아 지역 및 몽골 등지에서 사용되는데, 잘 모르는 사람들이 보기에는 러시아어와 비슷해서 구분하기가 쉽지 않다. 1층에는 한국음식점이 있고, 2층과 3층에 몽골 현지 물품을 판매하는 슈퍼와 음식점이 한 곳씩 있다. 4층부터는 몽골 관련 기업체들이 상주하는 사무실이다. 그리고 재한 몽골인협회가 이곳에 있다.

이곳의 중심은 이른바 '몽골 타워'라고 불리는 지상 10층짜리 건물 '뉴금호타워'다. 여기에는 '잘루스'와 '울란바타르' 등 몽골 식당을 비롯해 여행사, 탁송업체, 사진관, 휴대전화 판매점, 식료품 가게 등 몽골 사람들이 주로 이용하는 40여 개 업체가 들어서 있다. 대부분 몽골인이 직접 경영하며, 한국인이 주인인 곳은 몽골 출신 직원을 두고 있다. 한국에 사는 몽골인들은 틈나는 대로 이 동네에 들러 고향 사람을 만나고, 전통 음식도 먹고, 정보도 교환하고, 생필품을 사고, 고향에 선물을 부친다.

03

몽골로
떠나는 길에서 만난
세계시민

이주노동자들의 산증인 **유해근 원장**
몽골인들도 감동하는 몽골 사랑, 한국인!

　몽골 이주민이 한국에서 몽골, 그것도 울란바타르를 만날 수 있다는 건 정말 행운이다. 몽골 울란바타르 문화진흥원은 누구에 의해 서울, 그것도 광진구에 설립된 것일까? 다양한 궁금증을 안고 유해근 원장과의 인터뷰를 요청했다.

　'원장님은 한국 사람입니다. 그리고 시각 장애인이십니다.' 담당자는 이곳을 방문하는 사람들에게 늘 하던 대로 자연스럽게 말을 했지만, 취재진은 모두 "아! 그래요?"하며 놀랄 수밖에 없었다.

유해근 원장은 1992년부터 구로공단에서 이주노동자들과 함께한 이주노동자들의 산증인이었다. 1995년부터 몽골사람들이 들어오기 시작했고, 1999년 8명으로 몽골학교를 시작했다고 한다.

"우리나라, 몽골, 만주족의 90%가 몽골반점을 가지고 있습니다. 우리는 같은 DNA를 가지고 있습니다." 우리가 서로 다르지 않다는 것을 강조하였다. "국내에 아직 몽골인 집단 거주지는 없으나, 학교 때문에 지하철 5호선 주변에 많이들 자리를 잡았습니다." 한 사람의 희생과 봉사로 이역만리 떠나온 이주민들의 구심점이 되고 있다. "21세기는 새로운 유목민의 시대입니다. 저출산, 고령화로 인구 절벽을 해결하기 위한 자연스러운 현상입니다." 지금 한국의 인구문제를 정확히 진단하면서 다문화가 필연임을 강조하고 있다. "우리나라는 백의민족으로 순혈주의를 자랑으로 여겨왔으나, 이는 열성유전자를 만들 수도 있는 위험이 있습니다. 오늘날은 다문화를 넘어서 다민족, 다인종이 더불어 사는 공동체가 되어야 합니다."

"가장 안타까운 일은, 우리나라는 어떤 이유에서인지는 몰라도 상당히 폐쇄적이고, 닫힌 사회입니다. 이주민들이 성공하는 사회가 되어야 합니다. 여러분들이 하는 일과 같은 캠페인이 일회성으로 끝나면 안 됩니다. 지속되어야 합니다. 이주민이 성공하는 사회가 되어야 합니다. 시민들의 의식이 바뀔 수 있도록 통합할 수 있는 정책이 추진되어야 합니다."

불편한 몸으로 모든 난관을 극복하고 새로운 사회와 문화를 이루어내고 있음에 존경스러움을 금할 수가 없다. 주위를 둘러보기보다는 나와 가족만의 안녕을 위해 살아가고 있는 우리 모습에서 부끄러움을 느꼈다. 현장에서 느껴지는 절박함과 안타까움이, 함께한 모든 이에게 겸손함을 울려주는 귀한 만남의 시간이었다.

자랑스러운 재한 몽골인, **이라 대표**
재한 몽골 이주여성들의 워너비

　많은 몽골 출신 이주여성들이 본인들의 워너비로 뽑는 인물이 있었다. 바로 몽골 출신으로 한국에서 다양한 활동을 하는 '이라(네르귀 게렐)' 씨였다.

　이라 씨는 한국인으로 경기도 광역의원을 지낸 다문화 정치인 1호이다. 그는 현재 다모의료 앤문화관광 협동조합을 운영하고 있다. 취재진은 경기도 성남시 태평로 인근, 몽골 식당 '우구 데이'에서 이라 대표를 만났다.

　"이제 한국이 편해요. 세계 여러 나라를 가보았지만, 한국만큼 서비스 빠르고, 친절하고, 고객이 우선인 나라는 없어요. 열심히만 하면 편하게 살 수 있는 나라가 한국이에요."

　한국 사람보다 더 한국을 사랑하고 있는 것 같았다. 사업차 몽골에 온 한국인을 만나 결혼했고, 2008년 한국 국적을 취득했다. 한국에 들어온 이후 서강대 한국어교육센터, 강남대학교 사회복지학과, 연세대학교 행정대학원 석사과정을 졸업하고 동국대학교 국제다문화학과

박사과정 등, 성공적인 정착을 위하여 수많은 노력을 했다고 한다. 지금도 '의료경영학석사' 과정에 도전하고 있다. 이국에서 열정이 넘치는 삶을 살고 있다. 처음 정착한 곳이 성남이라 성남 이씨를 성으로 정했는데, 러시아 축구선수 이성남 씨가 귀화하면서 성남 이 씨의 시조가 되어 있어서 조금 아쉬웠다고 한다.

이라 대표는 몽골인의 선두주자로서 재한 몽골인협회 이사 등 많은 단체에서 사회공헌활동을 하고 있다. 2016년에는 6개국(몽골, 태국, 베트남, 캄보디아, 미얀마, 필리핀) 결혼이주여성들이 주축이 되어, 다문화 여성들이 한국에 잘 정착할 수 있도록 도움을 주고자 다문화 법인을 설립하였다. 협동조합의 이름은 '다모'로 '다문화 엄마'라는 뜻이다. 이주민에게 통역 등 다양한 서비스를 제공하고 있다. 초기에는 교육문화사업으로 시작하여 도서관, 초·중·고등학교, 공공기관, 기업에서 다문화 이해 등 다문화 관련 강의를 하였고 많은 호응을 얻었다. 그리고 2019년 성남시 관광과로부터 의료관광사업 제안을 받고 사업을 확대했다.

그러나 2019년 코로나로 인해 교육문화사업이 중단되어, 본의 아니게 의료관광사업이 조합의 중점사업이 되었다. 지금은 중증 환자가 주 고객으로, 환자가 원하는 병원이나 협약을 맺은 병원을 안내하고 있다. 해외에서 국내로 환자가 들어오면 공항에서 호텔까지 픽업해 주고, 치료하는 동안 한국 생활에 적응할 수 있도록 호텔과 병원, 치료 일정을 관리한다. 이 사업을 하면서 중증 환자들을 만나다 보니 힘든 면도 있지만, 고객으로부터 만족스러웠다는 감사 전화를 받을 때 보람을 느낀다고 한다. 같은 해 7월부터는 비대면 원격진료를 시작해서 자리를 잡아가고 있다.

최근에는 팬데믹으로 2년간 열리지 못한 몽골 전통 축제인 '나담'을 준비하고 있다. 그리고 협동조합을 키우기 위한 준비도 게을리하지 않고 있다.

몽골 출신 이주민과 몽골에 관심이 있는 한국 청소년에게 하고 싶은 이야기를 물었다. "무작정 한국에 오면 다 된다는 생각은 버려야 한다. 어떤 목적을 가지고 오든 다양한 정보를 찾아보고 오는 것이 좋겠다. 왔으면 지킬 건 반드시 지키면서 부단히 노력해야 한다. 진짜 힘들면 도움을 청할 수 있는 단체들도 많다." 그리고 "한국에는 몽골의 농촌이나 초원의 모습만 소개되는 것 같다. 한국과 비슷한 몽골의 도심도 소개하고 싶다. 몽골에 관심이 있으면 몽골어를 배우는 것도 좋다. 단순한 관심이 아니라 특수 언어를 배우면 나중에 취업에 대한 고민이 줄어들 수도 있다. 관공서에도 외국어 특채가 종종 있다."라고 말했다.

이러한 사회공헌활동을 인정받아, 건강한 다문화사회를 이루기 위해 노력한 개인과 단체에 주는 '제11회 LG와 함께 하는 동아다문화상'에서 '다문화 공헌 단체 우수상'을 수상했다. 코로나로 수입이 없었는데 상금이 큰 도움이 되었다고 웃었다. 취재하면서 느낀 이라 대표는 긍정 마인드로 배움을 멈추지 않고 성장하기 위해 꾸준히 노력하는 사람이었다. 앞으로 건강한 다문화사회를 위해 더 많은 역할을 해 주길 기대해 본다.

투어 가이드

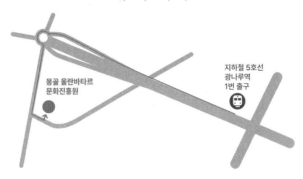

지하철 5호선 광나루역 1번 출구 ▶ 직진 방향 도보로 5분 정도 걸어가면, 길이 끝나는 지점에 회전교차로가 나온다. ▶ 왼쪽 9시 방향에 보이는 황색 빌딩이 몽골 울란바타르 문화진흥원이다. (주차가 가능하므로 차를 가지고 가도 좋다.) ▶ 운동장 쪽으로 올라가면 1층에서 담당자를 만날 수 있다. ▶ 몽골문화 전시관에서 설명을 듣고, 견학한다. ▶ 안내에 따라 몽골학교 학생들이 공부하는 모습을 볼 수 있다. ▶ 몽골 영화를 관람한다. ▶ 관람이 끝나고 음식 체험을 위해 동대문 몽골 거리로 간다. (몽골 식당으로 이동하기가 어려우면 담당자에게 부탁하여 이곳에서 음식을 주문할 수도 있다)

다시 올라왔던 반대 방향으로 내려와서 지하철(광나루역)을 타고 가면 20분 정도 걸린다. ▶ 동대문역사문화공원역 8번 출구에서 나와서 20미터쯤 가다가 왼쪽으로 돌면 몽골타운 빌딩이 정면으로 보인다. ▶ 2층과 3층에 몽골 식당이 있다.

04
가족과 함께
대한민국에서 떠나는
몽골 여행

몽골에 인술을 베푼
애국지사,
대암 이태준 기념관

이태준 기념관
경상남도 함안군 군북면 지두2길 50
전　화 055)583-8002

＊위 사진은 몽골 현지 사진임.

함안은 아라가야의 유서 깊은 역사와 찬란한 문화를 간직한 고장이다. 경남의 중심지로서 교통이 편리하고 마산, 창원 배후 지역으로 지속해서 발전하고 있다. 이곳에 빛나는 업적에 비해 잘 알려지지 않은 독립운동가 중 한 명인 대암 '이태준 기념관'이 있다. 일제강점기에 몽골에서 인술을 베풀고, 독립운동을 펼친 이태준 선생의 삶과 독립운동의 역사, 우리 세대에게 소중한 희생정신 등의 가치를 알리고 있다.

이태준 선생은 1883년 11월 21일 경남 함안에서 태어났다. 1907년 세브란스 의학교(현 연세대학교 의과대학)에 입학하여 1911년에 제2회로 졸업하였다. 김필순, 주현칙과 함께 안창호 선생이 만든 '청년학우회'에 가입하여 독립운동을 하였다. 세브란스 인턴으로 근무하던 중 1912년에는 중국 남경으로 망명하여 '기독회의원'에서 의사로 일을 하다가 처사촌이 된 애국지사 김규식 선생의 권유로 1914년에 몽골 후레로 가서 '동의의국'이라는 병원을 개설하였다. 2000년 7월 7일 이태준 선생의 업적을 기념하여, 재몽골한인회와 연세의료원이 주축이 되어 '이태준 기념공원'을 건립하였다. 이태준 기념공원은 울란바토르 시 복드칸(Bogd Khan)산 남쪽 기슭 자이승 승전탑 아래에 있다. 몽골여행을 가면 꼭 들려봐야 할 곳이다.

남양주에서 만나는 칭기즈칸의 숨결,
몽골문화촌

경기도 남양주시와 몽골의 수도 울란바토르 시가 도시 결연하면서 양 도시 간의 문화교류 증진을 위해 남양주 수동관광지 내에 2000년 4월 설립되었다. 몽골문화촌은 개관 이후 시설과 공간 부족으로 다양한 행사 진행의 어려움을 겪다가 2003년부터 2006년까지 56억 원을 들여 6만 8천 평 부지 위에 예술관, 공연장, 전시장 등의 새로운 시설을 완공하여 몽골의 이색 문화를 체험할 수 있는 복합 관광단지로 탄생하였다.

근처에 비금계곡, 수동계곡, 천마산 스키리조트, 축령산 자연휴양림 등 다양한 피서지와 관광지가 있어 함께 둘러보는 것도 좋다. 현재는 코로나 팬데믹으로 인하여 휴관 중이다.

몽골문화촌
경기도 남양주시 수동면 내방리 250
전　화 031) 590-2793

기마공연이 인상적인,
제주 말복합테마공원

'더마파크'와 '몽골 울란바타르 마사협회'가 공동 주관하는 60여 명의 몽골 출신 전문 기마공연단이 2008년부터 더마파크에서 기마 뮤지컬인 〈칭기즈칸의 검은 깃발〉(2008), 〈천년의 제국아! 고구려〉(2013), 〈위대한 정복자 광개토대왕〉(2018)을 공연하고 있다. 달리는 말 위에서 스펙터클한 공중제비와 기마 쇼를 비롯해, 〈위대한 정복자 광개토대왕〉이란 뮤지컬 쇼까지 벌이니 제주에 방문하면 한 번쯤 구경해볼 만한 공연이다. 아이 어른할 것 없이 모두 좋아할 것이다.

일회성 또는 교육을 통한 취미형 승마체험도 가능하므로 승마에 관심이 있는 사람은 꼭 한 번 방문해 보기를 권한다.

더마파크
제주도 제주시 한림읍 월림7길 155
전　화 064)795-8080

삼별초가 최후까지 대몽항쟁을 벌인
제주 항파두리 항몽유적지

항파두리 항몽유적지
제주도 제주시 애월읍 항파두리로 50
전　화 064)710-6721

제주 제주시 애월읍 고성리 1126-1번지에 가면 사적 제396호인 제주 항파두리 항목유적지가 있다. 1270년(원종 11) 2월 고려가 몽골의 침입으로 강화를 맺고 강화에서 개경으로 환도하자, 이에 맞서 김통정을 총수로 한 삼별초가 고려의 김방경과 몽골의 흔도가 이끄는 여몽연합군에 최후까지 항쟁하다 1273년 전원이 순직한 삼별초의 마지막 보루였다. 하지만 제주도 여행 중에도 많이 찾지 않는 곳이다. 우리나라의 슬픈 역사가 깃들어 있는 곳이므로 한번 가보길 추천한다.

제주도
조랑말

제주도 말은 제주마, 탐라마, 조랑말 등으로 표현된다. 조랑말은 '상하 진동 없이 매끄럽게 달린다'는 뜻의 몽골어 '조로모로'에서 유래되었다고 한다. 원(몽골)은 1273년 삼별초를 평정하고 제주에 탐라총관부를 세우고 일본과의 전쟁에 대비해 제주를 군사용 말 사육의 거점으로 삼았다. 이때 들어온 말들로 인해 지금까지도 제주도에는 말이 많이 사육되고 있다.

중앙아시아

서울 중구 중앙아시아 거리를 중심으로 소개하는

우즈베키스탄, 키르기스스탄, 러시아

취재진 소개

왼쪽부터 키르기스스탄 출신 세계시민교육 강사 부를, 러시아 거주 경험을
청소년에게 알리고 싶은 사회공헌활동가 주영아, 이주민에게 관심이 많은
사회복지사 안효숙, 다문화 청소년 교육에 열심인 사회공헌활동가 권오걸,
러시아계 우즈베키스탄 출신 세계시민교육 강사 이유진.

실크로드를 따라
중앙아시아를 만나다

중앙아시아하면 참 멀게만 느껴진다. 사실, 거리로 치자면 참 멀다. 하지만 조금만 더 관심을 가지고 보면 중앙아시아인 그들은 우리 곁에 더불어 살고 있다. 아시아허브 중앙아시아 취재진은 그들의 삶과 문화, 이주역사를 소개하고자 동대문 광희동 중앙아시아 거리에 갔다. 거리에 들어서면 일단 간판 곳곳에 키릴 문자가 우리를 맞아준다. 그리고 러시아인부터 우즈베키스탄, 키르기스스탄, 카자흐스탄 등 국적도 다양한 외국인들이 보인다. 이곳은 상업지역이어서 환전소, 여행사, 택배회사, 음식점, 식료품점, 번역사무소 등이 있다. 이 중에 음식점과 식료품점을 같이 운영하는 러시아 이주민을 만나 취재하였다. 취재 중 '여기서 일하시는 이주민들은 어디서 거주할까?' 하는 생각이 들었다. 그리고 수도권 이주민 정착촌 중 한 곳인 인천 연수구 함박마을을 탐방하였으며, 광주광역시 고려인 마을도 조사하였다. 또 그곳에서 거주하는 다섯 분과 만나 이야기를 나누어 보았다.

중앙아시아는 범위가 명확히 규정되어 있지 않다. 한국에서는 일반적으로 동서 투르키스탄과 그 북쪽에 이어진 카자흐스탄 및 중가리아 초원 일대를 총칭해 중앙아시아라고 한다. 중앙아시아는 극도의 건조지대로 광대한 사막과 세계의 지붕이라고 하는 파미르 고원을 포함한 높고 험준한 산맥들이 줄지어 있다.

범위가 명확히 규정되어 있지 않기 때문에 정의하기에 따라 동투르키스탄, 서투르키스탄(우즈베키스탄·키르기스스탄·타지키스탄·투르크메니스탄), 카자흐 초원, 중가리아 초원, 티베트, 몽골, 아프가니스탄 북부, 이란 동부, 남러시아 초원 등 '내륙 아시아'를 의미하기도 하고, 경우에 따라서는 동서 투르키스탄의 오아시스 정착지대만을 가리키기도 한다.

사마르칸트의 나라
우즈베키스탄

우즈베키스탄에서 태어나 러시아에서 학교를 다녔고, 지금
은 한국에서 살아온 시간이 가장 긴 나는 한국에서 우즈베키
스탄과 러시아 두 국가의 다문화강사로 활동 중이다.

우즈베키스탄의 수도는 타슈켄트이고, 공용어는 우즈베트
어다. 1991년 소련에서 독립했으며, 남동부 언어 혹은 차가
타이어를 쓰는 이슬람 민족인 우즈베크족이 전 인구의 70%
이상을 차지하고 있다. 13세기 몽골족에 기원하며 14세기의
칸 우즈베크 통치하에서 전성기를 누렸으며 여러 민족들의
점령기를 거치면서 쇠퇴하였다. 1855~1876년에는 러시아
영토였으며, 1924년 소련 내 우즈베크 소비에트 사회주의공
화국이 세워졌다가 1991년 완전한 독립을 얻었다. 세계 최
대의 면화 생산국이며, 천연가스의 주요 생산국이자 수출국
이다. 중앙아시아에서 손꼽히는 기계와 중장비의 주요 생산
지이기도 하다.

우즈베키스탄은 역사적으로 실크로드의 허브 역할을 담당
하였다. 중국에서 출발한 대상들이 인도, 이란, 중동, 유럽으
로 가기 위해서는 반드시 중앙아시아를 거쳐야만 했으며, 그
중심에는 지금의 우즈베키스탄에 존재하는 오아시스 도시들
이 있었다. 특히 수도 타슈켄트에 이어 오늘날 두 번째 규모
의 도시인 사마르칸트는 실크로드의 중심지로 평가를 받았
다. 동에서 서로 그리고 남에서 북으로 이동하는 대상들이 피
로한 여정을 잠시 멈추고 쉬어가야만 하는 곳이 지금의 우즈

우즈베키스탄의 수도 타슈켄트

베키스탄이었기 때문에, 이곳에 모인 다양한 국가의 상인들이 상호 간에 정보를 교류하고 상품들을 거래하였다.

우즈베키스탄에는 130개가 넘는 민족(우즈베크인, 러시아아인, 타타르인, 카자흐인, 타지크인, 카라칼파크인 등)들이 살고 있다. 종교는 이슬람교, 러시아정교 등이다. 주요 도시는 사마르칸트, 부하라, 히바다. 이 중 사마르칸트는 14세기의 수도로 150여 년 동안 번성했던 티무르 제국만이 이곳을 중심으로 주변을 지배했다.

사마르칸트의 중심, 레기스탄 광장

사마르칸트에서 유명한 곳은 레기스탄 광장이다. 우즈베키스탄의 영웅으로 숭상받는 인물인 레기스탄은 중앙아시아, 중동, 인도 북부, 카프카스에 걸친 대제국인 티무르 제국을 창설했다. 티무르는 군사적 정복뿐만 아니라 문화 창달에도 기여했다. 푸른색을 좋아해서 사마르칸트를 푸른색의 도시로 건설했으며, 티무르의 5대손인 바부르는 인도를 정복하고 바부르 제국(무굴 제국)을 건설하기도 하였다.

의(衣)   우즈베키스탄의 의상은 이
슬람 문화의 영향을 받아서
이슬람권 의상과 비슷하다.
남성은 앞 단이 트이고 긴 옷
인 차판(Chopon)을 입었는
데, 손등까지 덮는 긴 팔에
비교적 폭이 넓은 옷이다.

도프

여기에 도프(do'ppi)라는 모자를 썼는데 사각형의 돔 형태에 흰 실로 아라베
스크 전통 문양이 새겨져 있다.

반면 여성용 의상은 앞이 트이지 않는 원피스 형태의 아틀라스를 발목까지
길게 입었다. 허리를 끈으로 묶기도 하며 전통 의상은 노랑 바탕에 빨강, 초
록, 파랑, 자주 등 화려한 색에 무늬가 있었다. 머리에는 실크나 면으로 된 아
라베스크 무늬의 스카프를 삼각형으로 해서 뒤로 묶었다.

식(食)   우즈베키스탄은 이웃의 유목민들과는 달리 비옥한 계곡에서 채소, 과일, 곡물
을 재배하고 풍부한 가축을 사육하여 고기 요리가 발달했다. 집에 손님이 가
득한 것을 축복으로 여겨 가난한 사람도 여행객들에게 음식과 생필품을 후하
게 제공하였다.

우즈베키스탄 음식은 양, 소 및 말 등의 고기를 많이 사용했으며 패스트리와
우유 요리는 우즈베키스탄 식탁에서 빠지지 않는다. 다양한 전통 음식을 소개
하면 다음과 같다.

플롭

리뾔시까

솜사

슈르파

라그만

■ 플롭(plov)

한국의 볶음밥과 비슷하다. 당근, 양파, 고기 등을 넣고 볶은 밥으로 손님이 찾아오거나 자치 등 행사 때 만드는 전통 요리다.

■ 리뾔시까(lepyoshka)

벌집 모양의 큰 진흙가마에서 구운 빵으로 두꺼운 피자빵과 흡사하다.

■ 솜사(somsa)

얇은 밀가루 반죽에 기름을 골고루 묻혀 고기, 양파 다진 것을 넣고 세모나 둥근 모양으로 화덕에 구운 빵

■ 슈르파(shurpa)

토마토, 완두콩, 당근을 넣고 끓인 고기 수프

■ 라그만(lag'mon)

고기, 야채를 넣은 국물 있는 국수

■ 추츠바라(chuchvara)

다진 고기, 양파, 향신료를 넣은 만두

■ 샤슬릭(shashlik)

향신료로 양념한 양고기, 소고기 등을 꼬치에 끼워 숯불에 구운 음식

■ 논(non)

진흙 가마에서 구워 내는 둥글고 넓적한 빵이다.

주(住)   우즈베키스탄은 초원지대가 많아 오래 전부터 유목문화가 발달하였다. 이에 몽골 전통가옥과 유사한 천막형태의 이동식 가옥인 오토브(o'tov)에서 생활하였다.

또한, 아무강과 시르강 주변지역은 농경문화가 발달하여 마할라(mahalla)라는 단독주택들로 형성된 전통마을을 이루며 살았다. 마할라의 주택들은 구불구불한 골목길 양쪽으로 쭉 늘어서 있고 높은 담으로 둘러 쌓여있다.

우즈베키스탄의 일반 가정집은 대부분 황토를 사용하여 지었고 사원이나 궁궐, 대저택 등은 벽돌로 지었으며, 폐쇄적인 구조를 지니고 있는 것이 특징이다. 집안은 방과 복도로 연결되어 있으며 큰방은 손님 접대용으로, 작은방은 가족들의 침실로 사용된다.

우즈베키스탄 사람들은 손님 접대를 중요하게 생각해서, 제일 큰방에 제일 좋은 가구를 배치해서 손님을 맞이한다.

자연이 아름다운 나라
키르기스스탄

키르기스스탄은 중앙아시아에 위치한 국가로 중국, 카자흐스탄, 우즈베키스탄, 타지키스탄의 네 국가들과 접경하고 있다. 19세기에는 러시아의 지배를 받았으며, 20세기에는 소련을 구성하는 국가 중 하나였다가 1991년에 독립하였다. 언어는 키르기스어와 러시아어를 사용하며, 수도는 비슈케크(Bishkek)다.

비슈케크

'중앙아시아의 스위스'라고 불릴 만큼 지대가 높고 산이 많아 나라 곳곳에 아름다운 자연경관이 펼쳐져 있다. 원래 말을 타고 유목생활을 하는 민족이었으나 소비에트 연방정권 시절 유목생활이 금지된 이후 대부분의 사람들이 산에서 내려와 농경생활을 하고 있다. 특히 키르기스스탄의 제2도시 '오시(Osh)'는 7세기 중국에서부터 유럽까지 이르는 실크로드의 교차점의 역할을 했던 역사가 깊은 도시이다.

의(衣) 유목민의 특성으로 튼튼하고 추위를 막아주는 양모나 펠트로 된 의상을 입었다. 겉옷은 차판이라는 모직 소재의 긴 옷을 입고 전통 자수로 장식했다. 겉옷만큼 키르기스인에게 모자는 중요했

칼팍

다. 우즈베키스탄이 도프(do'ppi)라는 사각 돔 모양의 모자를 썼다면, 키르기스스탄은 흰색 모직으로 만든 칼팍(kalpak)을 썼다. 이 모자는 겨울에는 머리를 따뜻하게, 여름에는 태양열로부터 보호해 주었다. 3월 5일을 모자의 날로 할 정도로 모자를 매우 중요시하여 바닥에 놓지 않고 항상 위에 올려놓았으며, 아무리 오래되어도 버리지 않았다. 그리고 중요한 사람에게만 선물하였으며 그만큼 선물을 받은 사람은 좋아했다고 한다.

전통 모자는 사진과 같이 챙의 끝이 뾰족하게 생겼는데, 이것은 키르기스스탄은 산이 많기 때문에 산의 모양을 본떠 만들었다고 한다.

식(食) 주변 유목민족들과 함께 다양한 민족들과 살고 있어서 음식도 민족별로 다양하다. 전통 음식은 주로 양고기와 소고기, 말고기로 만들며 이것으로 치즈 등 다양한 유제품을 만들어 먹는다. 또한 밀, 쌀, 보리 등의 곡류를 가루로 만들어 우유 또는 물과 혼합하여 음료를 먹기도 한다.

베쉬바르마크

■ 베쉬바르마크(beshbarmak)

만두피 같은 면 위에 얇게 썬 고기를 얹어 먹는 국수 요리다.

■ 라그만(lag'mon)

고기, 야채를 넣은 국물 있는 국수다.

■ 비프쉬텍스(beefsteak)

다진 쇠고기와 밀가루를 섞어 동그랗게 빚어 튀겨낸 요리다.

■ 플롭(plov)

기름진 볶음밥

■ 샤슬릭(shashlik)

향신료로 양념한 양고기, 소고기 등을 꼬치에 끼워 숯불에 구운 음식이다.

주(住) 키르기스인은 유목민의 전통을 의식하는 민족으로서, 부족주의 성격이 강하며 지역적으로 남부와 북부의 문화 차이가 크다. 옛 실크로드를 따라서 취락이 발달하였으나 우즈베키스탄의 코칸드 칸국이 키르기스를 지배하면서 1825년에 토성의 요새를 건설하고 피슈페크(Pish Pek)라는 취락이 형성되었다.

1940년대 이후에는 소련 당국이 이 요새지를 파괴하고 자국의 수비대를 주둔시켰다. 토성 요새지의 흔적은 제2차 세계대전 후까지 일부 남아 있었으나 오늘날에는 신흥 아파트 지역으로 바뀌었다. 도시경관 중에서 중앙아시아 경관은 없고 러시아의 도시풍이 압도적으로 많아 오래된 고목, 뒷골목의 주택은 모두 러시아 양식이다.

키르기스스탄 손님 초대 문화

키르기스스탄에는 손님을 집에 초대하여 대접하면서 친구가 되는 문화 '메이만도스'가 있다. 심지어 하룻밤을 집에서 자고 가기도 한다. 누군가를 집에 초대한다는 것은 아주 특별한 일이다. 손님 오면 자신이 가진 것 중에서 가장 좋은 것을 그날만큼 손님에게 내어 놓는 일이기도 하다. 손님이 온 날 특별히 더 맛있는 음식을 만들고, 자신이 가진 그릇 중 가장 비싸고 좋은 그릇에 담아낸다. 자신이 가지고 있는 것 중 가장 좋은 것들을 손님을 위해 기꺼이 내어 준다. 결국 누군가를 집에 들을 수 있는 행위는 자신의 삶의 모습을 있는 그대로 보여주고, 사람을 아주 특별하게 여긴다는 표현이다.

텐산 산맥의 빙하가 만들어낸 호수, 이식쿨

이식쿨 호수는 해발 1,600미터에 위치하며, 그 면적이 제주도(1,849㎢)의 약 세 배에 달할 만큼 크다. 소금기를 머금은 호수로 한겨울에도 잘 얼지 않기로 유명하다. 키르기스어로 '따뜻한 호수'를 의미한다. 과거 이곳 일대는 실크로드가 지나가 유적지가 있으며, 지금은 여름과 겨울 모두 일정 온도를 유지하여 휴양지로 알려져 있다.

키르기스인의 정체성을 담은 서사시, 〈마나스〉

키르기스스탄의 문화는 풍부한 구전문학의 전통에 영향을 받고 있다. 민속 유산들은 음유 시인들을 통해 전해 내려오는데 이들은 매우 독립적인 키르기스인들을 표현한 장편 서사시 〈마나스 Manas〉와 같은 시들을 주로 암송한다. 신문·잡지·방송 등은 키르기스어와 러시아 어로 제공되며, 검열을 받지 않는다. 대표적인 작가로는 키르기스인인 칭기스 아이트마토프 가 꼽힌다.

음악은 류트처럼 뜯어서 소리를 내는 3줄로 된 현악기 코무스의 합주곡이 대표적이다. 키 르기스 교향악단이 있으며, 활발한 활동을 벌이고 있는 민속춤 단체가 있다. 극장에서는 키 르기스어와 러시아어로 연극을 공연하며, 1942년 키르기스 영화제작소가 세워져 뉴스 영 화, 과학영화, 작품영화 등이 활발하게 제작되고 있다.

※ 마나스(Manas): 중앙아시아의 영웅 서사시. 키르기스스탄에서 구전되어 온 이야기로, 마나스 일가가 민족을 영도하여 다른 민족들 의 침략을 물리치고 자유와 행복을 쟁취하기 위해 투쟁한다는 내용이다.

세계에서 가장 큰 나라
러시아

러시아는 동서양을 가로지르는 총 1,700만 킬로미터의 영토를 가진 나라다. 과거 대영제국, 몽골 제국의 뒤를 이어 세 번째로 면적이 넓은 나라였다. 그러나 21세기 들어 다른 열강들이 식민지를 잃은 덕분에 세계에서 가장 큰 나라(세계 면적의 9%)가 되었다.

러시아 수도 모스크바

정치적으로는 소련을 구성했던 공화국의 하나로 현재 독립국가연합(CIS)을 주도하는 연방공화국이다. 다당제로 현재 최고 권력자는 푸틴 대통령이다. 수도는 모스크바로 국민의 80%는 러시아인이다. 종교는 러시아정교가 75%로 대부분이며, 이슬람교, 가톨릭교, 유대교 등도 믿는다. 러시아의 언어는 러시아어이며, 화폐는 러시아 루블을 사용한다. 약 8년간의 무상의무교육을 실시한다.

세계 2위의 산유국으로, 주요 경제산업은 기계제조업, 화학산업, 경공업이다. 주요 도시로는 모스크바, 블라디보스토크, 상트페테르부르크, 소치, 이르쿠츠크 등이 있다.

러시아의 의식주

의(衣)   러시아 대부분의 지역은 일 년 중 절반 정도가 눈에 쌓여 있다. 그래서인지 우리는 러시아 하면 모피코트에 모피 모자를 쓰고 다니는 사람들을 연상하게 된다. 특히 모자가 중요한 이유는 찬바람 때문에 머리가 얼었다 녹았다를 반복하다 보면 풍이 들 수도 있기 때문이라고 한다. 그래서 '샤프카'라고 불리는 이 털모자는 러시아인들의 필수품이다. 빈부의 격차가 심하다 보니 '샤프카'도 개털로 만든 것으로부터 은빛 여우 털에 이르기까지 다양하다.

격식 따지기를 좋아하는 러시아인들은 발레나 오페라, 연극, 콘서트장을 갈 때는 자신의 가장 좋은 옷차림을 하고, 심지어 극장에서 신을 구두를 따로 가져간다. 길에서 신는 신발로 신성한 극장을 들어갈 수 없다는 것이다. 또한 러시아에서는 세탁소가 많지 않아 보통 가정은 집에서 직접 옷을 수선하거나 다리미를 사용하여 맵시를 낸다.

식(食)   러시아 음식문화는 동서양의 여러 문화가 접촉하여 세계에서 가장 풍부한 음식을 갖게 되었다. 뷔페 요리, 정찬 코스 요리, 비스트로 등 프랑스 요리를 비롯한 서양요리에 많은 영향을 주기도 하였다. 혹한을 이겨내는 작물들로 만든 수프나 생선보다는 고기 등을 식재료로 만들어 먹었다.

보르쉬

펠메니

블리니

■ **시치(schi)**

각종 육류나 버섯, 양념 등을 첨가해서 다양한 맛을 내는 양배추 수프다.

■ **보르쉬(borsch)**

토마토 소스를 기본으로, 양배추, 감자, 양파 등을 넣은 수프다.

■ **샤슬릭(shashlyk)**

양고기를 꼬치에 꽂아 구워 먹는 일종의 바비큐 요리다.

■ **펠메니(pelmeni)**

밀가루 피 안에 돼지고기나 양고기, 소고기 등의 육류 또는 생선, 버섯을 넣어 만든 러시아 스타일의 만두다.

■ **블리니(blini)**

러시아식 얇은 팬케이크로 크레페와 유사하다.

주(住)　　　러시아 서민들의 전통적인 주택으로는 '이즈바'라는 통나무로 만든 목조주택이 있다.

주로 농촌에서 볼 수 있는데 농부들은 나무를 자를 때 톱 대신 도끼를 사용했다. 도끼를 사용하면 나뭇결이 상해 빗물이 스며드는 것을 방지할 수 있기 때문이다. 또 이 나무들을 연결할 때는 못을 이용하지 않고 나무에 홈을 파서 연결하였는데, 못을 구하기가 어려웠던 이유도 있지만 못으로 인해 나무가 썩는 것을 방지하기 위함이었다고 한다. 러시아인들은 이즈바를 여러 가지 무늬로 장식하는 것을 즐겼다. 목재의 특성을 살려서 기하학적인 형태의 무늬를

창틀과 지붕 모서리, 구석 몰딩 등에 새겨 넣었다. 이는 미적인 역할도 있지만 액운과 초자연적인 공포로부터 가정을 보호하고자 하는 의미가 컸다.

소련 시기에는 주택문제를 해결하기 위해 '아파트'가 등장했다.

20세기 러시아 혁명 이후 귀족의 대저택들이 국가로 환수되고 공동 배분되면서, 공동주택이 주택의 대다수를 차지하게 되었다. 그 중 각 가정이 욕실, 화장실, 부엌 등은 공동으로 사용하고 각자의 방을 사용하는 '코뮤날까'도 등장했다. 스탈린 서기장이 계획한 5층짜리 아파트 '스탈린까'는, 견고하고 충분한 공간을 갖추고 있어서 지금도 러시아인들에게 선호되는 아파트 형태다.

러시아의 주요 인물

블라디미르 레닌

■ 블라디미르 레닌
러시아의 혁명가이자 소련의 초대 국가 지도자. 11월의 혁명을 이끌어 최초의 사회주의 국가인 소련을 만들었다. 마르크스주의를 러시아의 상황에 맞게 발전시킨 '마르크스–레닌주의'를 완성했다.

알렉산드르 푸시킨

■ 알렉산드르 푸시킨
러시아의 시인이자 소설가로 낭만주의 시대에 러시아의 문학의 기초를 닦았다. 주요 작품으로는 〈대위의 딸〉, 〈삶이 그대를 속일지라도〉 등이 있다.

레프 톨스토이

■ 레프 톨스토이
19세기 러시아 문학의 거장이자 사상가. 주요 작품으로는 〈전쟁과 평화〉, 〈안나 카레니나〉, 〈부활〉 등이 있다.

러시아 주요 관광지

■ 모스크바의 '붉은 광장'

모스크바 중앙에 위치하며 크렘린과 더불어 성바실리 성당, 역사박물관, 레닌 묘가 있어 모스크바의 명소다.

■ 에르미타주 미술관

상트페테르부르크에 있는 러시아 최대의 국립미술관으로 영국의 대영박물관, 프랑스의 루브르박물관에 이어 세계 3대 미술관이다. 로마노프 왕조 때인 1764년에 설립되었다. 원시시대부터 르네상스와 근세에 이르는 작품을 망라하여 약 300만 점의 작품을 소장하고 있다.

여기서 잠깐, 알쏭달쏭 러시아!

마트료시카 안에는
인형이 몇 개까지 들어갈 수 있을까?

'기혼여성'을 뜻하는 마트료시카는 보통 아주머니라고 생각하면 된다. 아주머니가 스카프를 매고 있는 모습이다. 다산과 다복, 행운을 가져오는 인형이라서 선물로 많이 쓰인다. 보통 5개부터 시작하나 3개짜리도 있으며, 기네스북에 기록된 가장 많은 개수는 72개라고 한다. 72개가 들어갈 수 있다니 놀랍다. 제일 작은 것은 쌀톨만하다.

24시간 영업하는 꽃집이 수두룩~

꽃을 싫어하는 사람들은 없겠지만 러시아 사람들은 특히나 꽃을 주고받는 것을 좋아한다. 심지어 시내 곳곳에는 24시간 영업하는 꽃집이 많다. 심야에는 술을 먹은 남편들이 아내에게 잔소리를 피하려고 꽃을 사는 경우도 있다고 하니, 남자들의 술사랑이나 여자들의 꽃사랑은 비슷한 것 같다.

미국의 알래스카가 전엔
러시아 땅이었다는 사실-

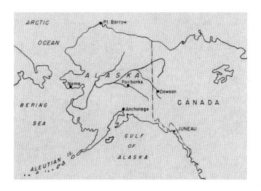

알래스카가 1867년에 미국 땅이 되고 난 뒤 단 50년 만에 100배가 넘는 값 어치를 하고 있다. 단 720만 달러의 헐값에 넘긴 러시아의 당시 상황은 밖으로 는 크림 전쟁을 하고 있었고, 안으로는 알래스카 관료들의 부정부패가 심했다. 황금 덩어리였던 알래스카를 보고 지금 러시아는 땅을 치고 후회하지 않을까?

웃음과 미소에 인색한 러시아인, 그럴까?

잘 모르는 사람에게 웃지 않을 뿐 불친절하거나 정이 없지는 않다. 오히려 호 감이 있거나 좋은 감정이 있을 땐 진심을 다해 잘해준다. 러시아에 체류 중에 길을 몰라 물어봤던 적이 있다. 길을 가르쳐주던 러시아 아저씨는 내가 지하도 를 건너 그 건물에 도착할 때까지 쳐다보고 있었다. 혹시나 다른 곳으로 갈까 봐 계속 보고 있었던 것이다. 러시아인은 무뚝뚝하다는 편견과 오해를 없애고 대하자.

02

한국에서 떠나는 중앙아시아 여행

실크로드는 고대 중국 중원(中原) 지방에서 시작하여 타클라마칸 사막을 따라 파미르(Pamir) 고원과 사마르칸트를 지나 중앙아시아 초원, 이란 고원을 지나 지중해를 거쳐 유럽에 이르는 무역로다. 동방과 서방을 잇는 비단길이란 뜻의 이 길 위엔 중앙아시아가 있다. 실크로드라 명명할 때와는 교통수단도 노선도 달라졌지만 동서양 교류의 지역으로 지금도 문화적·역사적으로 중요한 지역이다. 실크로드와 비슷하게 서울 속에도 '작은 러시아'로 불리는 중앙아시아 거리가 있다. 이곳을 직접 취재해 보았다.

광희동 중앙아시아 거리 Central Asia Street in Gwanghui-dong

서울 중심에서 만나는 중앙아시아
Central Asia in the Center of Seoul

광희동에는 한국 최대 규모의 중앙아시아 거리가 있습니다. 1990년대 초반 한국과 러시아의 수교 후 러시아 상인을 시작으로 우즈베키스탄, 키르키스스탄, 카자흐스탄, 몽골 등 중앙아시아에서 온 사람들이 모여들면서 광희동 중앙아시아 거리가 형성되었습니다. 이곳에는 중앙아시아 사람들의 생활을 위한 무역 중개업체, 음식점, 식료품점 등 150여개 업체가 밀집해 있습니다. 이 거리에서 빼놓을 수 없는 재미 중 하나는 중앙아시아와 몽골의 다양한 음식입니다. 우즈베키스탄 양고기 꼬치와 바비큐, 중앙아시아의 국수, 몽골식 양고기 구이인 호르호그와 우유와 차를 섞은 수테차이 등이 인기 메뉴입니다.

Korea's largest Central Asian community formed in Gwanghui-dong. After Korea established diplomatic relations with Russia in the early 1990s, people from Central Asia, starting with merchants from Russia, gathered in Gwanghui-dong. This naturally led to the formation of Central Asia Street. Visitors can get a chance to taste a variety of Central Asian and Mongolian dishes here. Popular dishes include Uzbekistan-style skewered lamb, noodles from Central Asia, Khorkhog, a traditional Mongolian grilled lamb dish, Suteychai, etc.

서울 속 '작은 러시아'로 불리는 중구 광희동 중앙아시아 거리

1990년대 초 소련이 붕괴되면서 한국과 러시아 수교 이후 중앙아시아 국가인 우즈베키스탄, 카자흐스탄, 키르기스스탄 사람들이 동대문시장을 이용하면서 가까운 광희동에 식당, 카페, 식품점, 환전소, 우체국 등의 편의시설이 생기기 시작하여 지금은 150여 개의 업체들이 입주해 있다.

동대문 실크로드 조형물

중앙아시아 거리는 광희동 사거리로 지하철 5번 입구로 나와 왼쪽으로 돌아가면 작은 나무공원에 동대문 실크로드의 시작을 알리는 나무로 된 이정표가 서 있다. 이 이정표 옆에는 중앙아시아거리의 유래를 설명해주는 동판이 있다. 이정표에는 실크로드에 있는 도시분만 아니라 많은 도시의 이름과 방향 그리고 서울로부터의 거리를 알려준다. 모스크바, 사마르칸트, 이스탄불, 울란바토르 같은 우리에게 익숙한 도시 이름들이 보인다. 이곳에서 길을 건너 좌측으로 가면 동대문 실크로드가 시작된다.

식당 '사마르칸트'

특히 눈에 많이 보이는 것이 식당인데 '사마르칸트'라는 이름이 본점부터 7호점까지 여러 곳이 같은 상호를 사용하며 서로 원조라고 주장하고 있다.

사마르칸트는 우즈베키스탄의 제2 도시로 중앙아시아의 최고(最古)의 도시다. 우즈베키스탄의 수도인 타슈켄트보다 더 알려진 도시로, 앞서 이야기한 실크로드의 중앙에 위치하고 있다. 그런데 왜 이렇게 식당 간판에 이 도시 이름이 많은가 의아해 했는데 취재하면서 그 이유를 알게 되었다. 처음 사마르칸트에서 이주해온 고려인이 식당을 운영하면서 형제자매들을 초청하기 시작하였고, 지금은 지인들까지 초청하여 서울과 지방도시에 분점을 차리고 영업을 하고 있었다.

스타사마르칸트
서울특별시 중구 을지로42길 12 1층
전　화 02)2279-7780

식당 '파르투내'

사마르칸트라는 이름의 식당들과 함께 '포춘'이라고 영어로 표기한 레스토랑도 역시 우즈베키스탄 음식점이다. '파르투내'라고 한글로 표기되어 있고, 가게 안 화덕에서 전통 빵 '솜사'를 굽고 있고, 양고기 꼬치요리 '샤슬릭', 우즈베키스탄 만두 '만티'와 볶음밥 '플롭' 등은 한국인 식성에도 맞는다.

러시아계 여자 사장님은 한국에 온 지 20여 년 되었고, 한국에서 모델 일을 하다 우즈베키스탄인 남편을 만나 레스토랑을 경영하고 있으며, 남편은 건너편에는 포춘 마트를 운영한다고 했다. 파르투내 레스토랑은 카페 같은 아늑한 분위기로 이국적인 풍경을 경험할 수 있다.

파르투내
서울특별시 중구 마른내로 154 1, 2층
전　화 02)2278-7770

러시아 케이크

화려한 장식 없이 영어로 'RUSSIAN CAKES'라고 쓴 간판은 평범한 모습이다. 케이크를 좋아하는 케이크 마니아들이 이곳을 즐겨 찾는다. 주인은 러시아인으로 현지 맛 그대로의 러시아 케이크와 파이 등을 맛볼 수 있다. 황제의 케이크라 불리는 '나폴레옹'과 러시아식 꿀 케이크 '메도빅'이 디저트용으로 판매되고, 우크라이나의 '키예프' 케이크도 이곳에서 빼놓을 수 없는 대표 메뉴이다. 중앙아시아 이주민들은 주식으로 먹는 파이나 일반 빵을 많이 사간다. 주식으로 이용하는 고향의 빵맛을 그대로 재현하여 SBS의 '생활의 달인'에도 나왔다고 한다.

러시아 케이크
서울특별시 중구 을지로42길 7
전   화 02)6053-4079

마트 '메도빅'

러시아어로 된 간판 '메도빅'을 보고 안에 들어가니 중앙아시아에서 생산되는 꿀, 과자, 술 등의 식료품들이 보인다. 술은 러시아산 보드카가 주류이고, 유제품과 주스 등의 음료와 한 켠에는 빵들을 판매하고 있다. 주변에 '포춘푸드마켓', '임페리얼' 등의 중아아시아 마트가 있는데 여기서 파는 식료품 종류들과 거의 비슷하다.

메도빅
서울특별시 중구 마른내로 159
전   화 02)2285-4700

중앙아시아 거리의 이모저모

우즈베키스탄, 몽골 등에서 온 상인들과 여행객이 쉴 새 없이 몰려드는 사랑방이자 집결지로 여독을 풀 수 있는 숙소, 고향으로 물건을 보낼 수 있는 택배업소, 고향음식을 파는 식당까지 골목 구석구석에 자리 잡고 있다. 이따금 이국적 정취를 느끼려고 이곳을 찾는 한국인이 도리어 이방인이다.

이처럼 이국적인 골목이 된 것은 러시아 보따리상들 때문이다. 한국과 러시아가 수교를 맺은 1990년을 전후해 이 일대는 하루에도 수백 명의 러시아 보따리상들이 머물다 가는 서울의 대표적 쉼터였다. 지리적으로 동대문시장과 가깝고, 지하철이며 버스가 사통팔달로 잘 뚫려 있으니 하룻밤 쉴 곳으로 제격이었다. 동대문시장에 물건을 사러 온 러시아 보따리상을 위한 식당과 무역회사, 탁송업체들이 연이어 문을 열면서 같은 언어권인 우즈베키스탄, 카자흐스탄 사람들이 모여들었고, 이내 자연스럽게 중앙아시아 거리가 형성된 것이다.

외환위기 당시 전례 없는 호황을 누렸던 광희동 골목은 낮은 환율을 기회 삼아 몰려든 러시아 보따리상과 이들을 상대할 인력이 집중됨에 따라 러시아어에 능통한 우즈베키스탄과 몽골 출신 이주노동자들의 일터가 되었다. 호황도 잠시, 1998년 러시아가 국가부도사태(지급유예, 모라토리엄)를 맞으며 보따리상들은 썰물처럼 빠져나갔고 이후 이곳에 정착한 중앙아시아 노동자들만 남게 되었다. 이후 밤거리를 수놓던 러시아 상점들은 속속 우즈베키스탄과 몽골 상점으로 변모되었다.

골목 초입에 있는 은행은 주말에도 중앙아시아인만을 위한 특별 영업을 하고, 광희동 파출소엔 러시아어와 몽골어가 가능한 경찰관이 배치되어 있다.

인천 속
중앙아시아,
함박마을

함박마을은 과거 함씨와 박씨가 많이 모여 살았던 함박촌이라는 옛 지명을 본떠 지어졌다. 이곳에 고려인들이 정착하게 된 과정을 알아보았다.

고려인 이주배경을 연구한 문화적응경험연구회의 연구활동 결과보고서에 의하면, 국내에서 2004년 재외동포법이 개정되면서 고려인 동포가 한국인 '재외동포' 자격을 얻게 되고, 2007년 방문취업 비자가 시행되면서 '코리아 드림'을 이루기 위해 한국행을 선택한 고려인 동포가 늘어났다. 이때 한국으로 온 많은 고려인들이 공단과 가까운 곳에 터를 잡게 되었는데, 인천에 남동공단이 가까웠던 함박마을에 집거지가 형성되었다. 그러나 러시아어가 이미 모국어가 된 고려인 동포의 '한국 살이'는 다른 외국인과 크게 다를 것 없는 상황이기 때문에 한국어와 러시아어가 공존하는 독특한 마을을 이뤄내게 되었다고 한다.

인천시에 거주하는 고려인들이 약 6,500명(2021년 기준)이라는데 그중 절반이 함박마을에 거주하고 있다. 이 외에도 러시아인을 비롯해 중앙아시아에서 온 카자흐스탄인, 우즈베키스탄인, 키르기스인 등도 거주한다.

한국인, 고려인, 그 외 외국인들이 이질적 문화를 가지고 공존하며 살다 보니, 서로 간의 갈등이 존재한다. 연수구는 이러한 지역사회 갈등 해소하기 위해 중재자 역할을 자처하고 있으며, '마을관

리협동조합'을 설치해 원주민과 외국인 소통의 장을 마련하고 있다. 함박마을 내 외국인들이 유발하는 쓰레기 불법투기, 불법주차, 소음, 치안문제 등의 해결에 노력을 기울이면서, 마을 부흥이 필수적인 공동체 활동을 이끌어내고 있다. 또한 사회복지관, 도서관, 어린이집으로 구성된 '함박마을 문화, 복지센터'를 세워 지역 특성과 관련된 프로그램을 운영하여 원주민과 외국인의 상호 간의 문화 이해를 위한 노력을 하고 있다. 이를 통해 외국인들이 한국에서 살아가는 데 있어 주민 간 정보문화 격차를 해소하고 주민복지를 증진하는 등 지역사회 문제에 대처하고 있다.

연수구는 2018년부터 연수구 도시재생추진단을 구성해 고려인, 외국인, 원주민 간담회, 주민과 함께하는 워크숍 등 강화 프로그램을 진행하고 있다.

함박비류도서관

함박비류도서관 & 함박종합사회복지관
인천광역시 연수구 함박안로 217
전   화 032)749-6970
홈페이지 http://www.yspubliclib.go.kr

함박마을 입구에서 문학산 쪽으로 오르다 보면 함박마을 종합사회복지관이 있고 그 옆에 함박비류도서관이 있다. 2020년 5월에 개관하였고 3층으로 되어 있다.

'건강과 테라피'란 테마로 특화된 도서관이라고 한다. 그래서인지 건강과 테라피 주제의 도서 전시와 관련 프로그램이 운영되고 있었다. 이 주제 이외에도 북 보드게임 및 샌드아트 활동 등 놀이 프로그램이 진행 중이었다. 창의놀이 공간, 아기자기 예쁘게 꾸며 놓은 유아가족실, 엄마와 아기가 모두 행복한 수유실, 영화 덕후를 위한 DVD 서가, 어르신을 위한 큰 글자 도서실, 정기간행물실 등으로 구성되어 있었다.

특히 인상적이었던 점은 함박마을 특성을 고려해 러시아어 도서와 다문화 도서 코너가 따로 있다는 점이다. 러시아어 도서는 아동 도서와 성인 도서로 나누어져 있을 정도로 종류도 많았고, 서가 옆에는 카페처럼 자유롭게 열람할 수 있는 멋진 공간이 있었다.

유아부터 성인까지 정기 독서프로그램이 있고, 특히 4월 도서관 주간과 9월 독서의 달, 12월 연말에는 독서문화행사도 열린다고 한다.

도서관 견학은 연수구립공공도서관 홈페이지에서 신청가능하다고 한다. 혹시 신청하지 않았더라도 도서관 사서들이 친절하게 안내해 주니 언제든지 방문해도 된다.

함박마을 도시재생센터

함박마을 도시재생센터
인천광역시 연수구 함박로 40 2층
전   화 0507-1345-8614

함박마을 주민의 의견을 수렴하며, 주민교육과 소통을 위해 만들어졌다. 지역과 유관기관, 전문가, 관련사업 등을 연결하여 도시재생의 정착과 실현을 이루기 위해 운영되는 일종의 지원기관이다.

연수구 함박마을은 국토교통부 2020년 2차 도시재생 뉴딜사업에 선정되어 4년간 사업비 240억 원이 투입되어 도심 노후화와 양적 도시성장 한계를 극복하고 있다.

도시재생 뉴딜사업으로는 외국인 종합시설인 '상생교류소'와 '세계음식 문화공간'이 조성될 예정이다. 상생교류소에서는 다문화학당, 한국어 교실, 요리교실, 상호 역사교육 등 생활지원사업과 교류지원사업이 동시에 이루어진다.

■ 주요 업무

1) 함박마을 상생+所(소)

- 고려인과 함께하는 상생교류소: 고려인 및 다문화가정 지원 프로그램 개발, 다문화 인식 개선 및 커뮤니티 공간 마련으로 고려인과 지역주민이 함께 소통하는 공간 마련

- 세계음식문화공간 조성: 함박로에 특색 있는 세계음식문화공간의 조성으로 상권을 활성화하여 주민 주도의 축제 및 행사 운영

- 세계문화상품 창작소: 다문화사회를 아우르는 특색 있는 문화상품 창작 공간 창출

- 함박마을 공동체 활성화 사업: 도시재생 사업기간 이후에도 공공시설 및 각종 프로그램을 운영하여 수익을 창출하고 마을기업, 사회적 기업으로 발전할 수 있는 기반 마련

2) 함박마을 활력+所(소)

- 쓰레기 없는 함박마을 만들기: 지역 내 주민협의체 및 재생센터 지원을 통해 마을환경 개선도모 및 외국인의 쓰레기문제 심각성 환기

- 고려인 역사문화광장 활성화: 역사와 문화 놀이가 어우러진 복합 문화광장 조성

3) 함박마을 안심+所(소)

- 안전한 보행 환경 조성 : 안심마을 조성. 기존도로의 보수공사 및 보행자 우선 공간 조성

- 세계음식문화공간 : 러시아 전통 빵, 중앙아시아의 전통 음식 등 이색적인 음식문화 개발로 인천의 명소로 자리매김하는 데 이바지할 것이라고 함

┌─ ※ 고려인의 음식문화 ─────────────────────

함박마을에는 많은 중앙아시아 음식점과 식료품점, 베이커리, 카페가 있다. 음식은 그 나라의 전통이 잘 남아 있는 분야이다. 도시재생사업 일환으로 세계음식 문화공간을 조성한다고 하니 중앙아시아 고려인의 음식문화에 대하여 알아보자.

- 고려인의 주식은 쌀밥이며, 여기에 북짜이(된장찌개), 시락장물이(시래기된장국), 짐치(김치), 질금채(콩나물 무침), 디비(두부) 같은 반찬이 상에 오른다. 가장 많이 찾는 별식은 국시(국수)이다. 북한지역의 냉면을 재현한 것 같은 국시는 고기볶음, 오이채 고명을 얹어 잔칫상에 꼭 올리는 음식이다.

 그 밖에 개자이(개장국)과 배고이(만두)도 별식이다. 된자이(된장), 고추자이(고추장), 지러이(간장) 등 장류는 연해주 시절부터 가정에서 재래식으로 담가 먹는다.

- 카레이스카야 마르코비(한국식 당근채)는 배추나 무가 귀해지자 구하기 쉬운 당근으로 김치 담그면서 생긴 음식인데, 중앙아시아 전체에서 대중적인 샐러드로 자리 잡았다.

- 중앙아시아 음식도 많이 먹고 있는데 레표시카(둥근 빵), 플롭(기름밥), 라그만(국수), 샤슬릭(꼬치구이) 등이 그것이다. 석회질이 많은 식수 때문에 차이(차)를 늘 마신다.

함박마을내 중앙아시아 식료품점과 음식점

 * 함박마을에는 이 외에도 고려인 반찬집, 미용실, 정육점, 주얼리숍 등 이주민 또는 고려인들을 위한 생활편의시설들이 있다.

└──────────────────────────────────

디아스포라 연구소

디아스포라 연구소
인천광역시 연수구 함박로 77 203호
전　화 032)816-0723

디아스포라는 '흩어진 사람들'이란 뜻으로, 해외에 나가 있는 '동포'들을 가리킨다.

디아스포라연구소는 한국어를 비롯하여 러시아어, 영어, 수학, 미술, 태권도, 댄스, 기타 등의 프로그램을 운영하고 있다. 디아스포라연구소에서는 워크숍, 세미나, 학술회의 등의 프로그램으로 사회통합과 고려인 차세대들의 안정적인 정착을 위해 정서지원과 학업을 돕고 그들 스스로 정체성을 유지하면서 살아갈 수 있도록 지지하고 있다

너머인천고려인문화원

너머인천고려인문화원
인천광역시 연수구 함박로 27 2층
전　화 032)816-9002

고려인은 구한말 일제 강점기 때 러시아 연해주로 이주하여 정착마을을 일구고 독립운동에도 앞장 선 동포들이다. 중앙아시아로 강제 이주를 당한 이후 그곳에 뿌리를 내렸지만 소련의 붕괴로 다시 유라시아 대륙 곳곳으로 흩어져 살았다. 2004년 고려인도 재외동포로 인정되는 법이 개정되었고, 2010년대에 들어서면서 고려인의 한국행이 크게 늘었다.

현재 10만 여 명의 고려인이 한국에 살고 있으며, 특히 인천 연수구 함박마을은 전체 주민 1만 2천 명 중 7천 명 정도가 고려인이 살고 있는 고려인 밀집거주 지역이다.

'너머인천고려인 문화원'은 재외동포이지만 외국인으로 인식되어 소외되고 차별받는 고려인 동포를 지원하기 위해 사

단법인 '너머'의 인천지역 지부로서 2018년 6월에 설립되었다. 고려인공동체와 지역 주민들의 교류와 인식개선을 위한 다양한 활동을 펼치고 있다. 주요활동으로는 한국 정착 및 교육활동, 고려인 권익신장 지원, 공동체 사업 등이 있다.

▦ 교육활동

- 한국어 수업(성인, 청소년, 아동)
- 방과후 수업, 멘토링, 동아리활동지원 (팟캐스트, 영화제작, 댄스, 체스, 요리 등)
- 상담 (노동, 의료, 일자리, 통.번역 등 종합상담)
- 장학 지원 및 생계비 지원, 물품 후원

▦ 고려인 권익신장

- 고려인 정책개선 : 동포기본법, 고려인 특별법 재정 캠페인, 인천시 고려인주민조례 모니터링
- 고려인 보육 지원: 평등한 보육 지원 캠페인, 보육환경 개선
- 고려인 장애인 등록 지원

▦ 함께하는 공동체 활동 공동체 사업(고려인 자치조직, 함박마을공동체 등과 연계)

- 고려인 인식 개선: 고려인 톡 콘서트, 함박마을 탐방
- 홍보 및 연대사업 : 고려인과 함께 하는 착한 여행
- 함박마을 도시재생사업 참여, 함박텔러 등의 마을조사

★ 주변 초등학교에는 300명 가까이 되는 고려인 학생이 재학 중이며, 러시아어 이중 언어 강사가 배치되어 있다.

광주광역시 월곡동
고려인마을

함박마을을 다녀온 후 전국에 고려인 마을이 있음을 알 수 있었다. 일제강점기 연해주로 이주한 동포들과 그 후손들이 귀국한 후 새로운 삶을 돕기 위해 2013년 3월 10일 광주광역시 광산구 월곡동에 조성된 고려인 마을에는 현재 3천 여 명이 거주하고 있다.

고려인 종합지원센터와 고려인 광주진료소

고려인들이 한국에 왔을 때 가장 낯설고 힘든 것이 언어와 문화 차이라고 한다. 고려인마을종합지원센터에서는 고려인들이 지역사회에 잘 정착할 수 있도록 다양한 프로그램과 지원을 펼치고 있다. 또한 고려인들을 위한 진료소도 자리 잡고 있다. 매주 뜻있는 의사선생님들이 봉사활동으로 고려인들을 돕고 있다고 한다.

월곡 고려인문화관 '결'

월곡 고려인문화관 '결'

광주광역시 광산구 산정공원로50번길 29
전   화 062)955-1925

월곡동에 위치한 고려인문화관 '결'은 총 2층으로 이루어져 있다. 1층은 역사문화관 '숨결'과 주민소통방 '금결'이 위치한다. 역사문화관에는 스탈린의 한인강제이주정책의 피해자인 고려인들의 이주 역사와 일제강점기 항일 무장운동, 문화운동의 역사를 전시하고 있다. 2층은 기획전시실로, 기획전시실의 경우 그때그때 다른 테마를 가지고 꾸며지고 있다.

고려인 미디어센터

방송을 통해 고려인들의 삶을 전파하고 함께 공감하고 있다.

03

**실크로드에서 만난
세계시민**

한국에서 중앙아시아 문화 전도사로 나선,
한 아나스타샤 강사

한 아나스타샤는 중앙아시아 카자흐스탄 출신이다. 아나스타샤는 2019년에 고려인인 남편과 3명의 자녀들과 함께 한국에 와서 함박마을 주민으로 살고 있다. 남편이 고려인이라 고려인 정착촌인 함박마을에 자연스럽게 정착할 수 있었다.

2019년 당시엔 학교입학 서류도 작성하기 힘들었는데, 현재는 오히려 문화원에서 번역지원을 해주고 있다. 학교 홈페이지에서도 러시아어 지원 서비스가 있어서 이주민들이 언어로 인한 어려움은 없어졌다고 한다.

함박마을 내의 학교에서는 러시아어를 쓰는 중앙아시아 문화와 한국 문화가 공존한다. 학생들도 이중언어, 이중문화를 경험하면서 세계시민으로 거듭나고 있다. 아나스타샤는 두 문화와 언어를 모두 경험해 본 사람이자 다문화강사로서 소통의 다리 역할을 하고 있다. 앞으로 함박마을에 고려인 동포, 중앙아시아 이주민들이 늘어날 것으로 전망하고 있으며 이들이 정착하여 사는 데 도움이 될 것이다. 특히 청소년들에게 언어뿐만 아니라 한국문화를 이해하고 소통하는 데 힘이 되려고 한다.

고려인을 위해 일하는 고려인
장대관 씨

너머인천고려문화원을 방문했는데, 그곳에서 근무하고 있는 고려인 중도입국자 장대관 씨와 잠깐 인터뷰를 하게 되었다.

어릴 때 러시아에서 가족과 함께 이주한 장대관 씨는 초등학생 때부터 한국에서 교육을 받으면서 자랐다. 현재는 너머인천고려인문화원에서 시간제 직원으로 근무 중이다.

💬 부모님은 어느 나라 출신이신가요?

부모님 모두 고려인입니다. 그래서 러시아에서 태어났지만 나의 뿌리는 한국이라고 생각합니다.

💬 집에서 한국어를 사용하나요?

현재 부모님이 맞벌이를 하시어 혼자 거주하고 있습니다. 따라서 집에서는 대화가 없다고 봐야죠? 부모님과는 한국어로 주로 사용하지만 가끔은 러시아어를 쓰기도 합니다.

💬 너머인천고려인문화원에서는 어떤 형태로 일하고 있습니까?

대학생으로서 하루 4시간 시간제로 일하고 있으며, 아르바이트로 번역 일을 하고 있습니다. 고려인을 위해서 러시아어를 한국어로, 한국어를 러시아어로 번역하는 일을 하는데 매우 보람을 느낍니다. 물론 전문 번역가로 성장하기 위해서는 더 노력해야겠지만요.

💬 일주일에 몇 번 근무하나요?

주로 일주일에 5일 근무하지만 토요일 행사가 있으면 6일 근무합니다. 시간이 날 때마다 일하면서 고려인의 한국 정착을 위한 다양한 방안을 연구하고 있습니다.

💬 너머인천고려인문화원은 어떤 활동을 하고 있습니까?

주로 언어 능력 부족한 외국인들을 위한 청소년들의 한국어 교실과 아동 청소년의 방과후 교실, 성인의 한국어 교실 및 육아 방법 관련한 엄마 교실, 상담소, 동아리 및 고려인 커뮤니티, 지역공동체 활동 등을 지원하고 있습니다.

장대관 씨는 사무실에는 홀로 업무를 보고 있어 분주하여, 긴 인터뷰는 할 수 없었다. 중도입국 청년이지만 어려서 입국하였기에 한국에 잘 적응하고 있고, 그러면서도 고려인들을 위해 일하려는 마음이 참 따뜻해 보였다. 많은 중도입국 청소년들의 멘토가 되어주고 있는 듯했다.

※ 너머인천고려문화원에서 운영 중인 프로그램

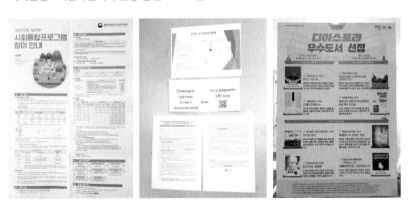

※ 사회통합프로그램 참여하려면 사회통합정보망을 통해 신청한다.
  # 사회통합정보망 : www.socinet.go.kr
  # 사회통합프로그램 평가 : www.kiiptest.org

고려인상담센터장만 있으면 어려운 법적 문제도 척척!!!
이주민의 대부 **김준태 센터장**

광희동 중앙아시아 거리 입구에서 고려인상담센터를 운영하고 있는 김준태 센터장을 만나 고려인 또는 이주민들의 어려움을 들어볼 수 있었다.

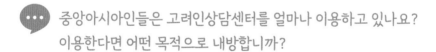 중앙아시아인들은 고려인상담센터를 얼마나 이용하고 있나요?
이용한다면 어떤 목적으로 내방합니까?

이용대상은 주로 고려인이며 우즈베키스탄 출신이 제일 많고, 그 외 키르기스스탄, 카자흐스탄, 러시아인 순이니 대부분이 비자문제로 내방하며, 교통사고, 주거문제 등의 법률문제로 옵니다.

이주민들과 주민들 사이의 소통에는 문제가 없습니까?

이주민과 현주민 사이에서는 언어소통이 잘 안 되는 것이 가장 문제라고 생각합니다. 또한 중국인들 같은 경우에는 온라인카페가 있어서 정보교환도 하고 소통도 하는데, 중앙아시아 고려인들의 경우에는 국적이 달라서 교류도 없고 소통이 잘 안 되는 것 같습니다.

💬 센터장으로 일하면서 어떤 점이 가장 힘듭니까?

센터장인 나보다는 고려인들이 더 힘들죠. 아까도 언급했지만 한국어를 얼마나 능숙하게 하는가에 따라 직업도 달라지기 때문에 한국어 습득이 급합니다. 더욱이 생업에 종사하다 보면 한국어 배울 시간이 부족하고 그 이유로 못 배우면 직업이 불안정해지는 악순환이 계속됩니다. 그 점이 안타깝죠.

💬 중앙아시아인 또는 고려인들이 한국 사회에 잘 정착하기 위해 필요한 것은 무엇이라고 생각합니까?

중앙아시아에서 오는 사람들을 분류해 보면 유학, 취업, 결혼이주여성, 동포 즉 고려인 이렇게 나눌 수 있는데 결혼이주여성에 비해서 고려인들에 대한 국가나 지자체 차원에서 주는 지원이 없는 상태입니다. 요사이 지자체 차원에서 정착촌을 조성해 주기는 하지만 생활에 직접적으로 도움이 되는 한국어 교육이나 취업 교육이 절실합니다. 그리고 양육비 지원도 필요하고요. 처음엔 사회통합프로그램에 참여하지만, 경제적·시간적 어려움으로 중도에 포기하는 동포들이 많습니다. 국가의 지원이 꼭 필요하다고 생각합니다.

김준태 센터장은 우크라이나 전쟁으로 고려인들이 난민 신분으로 한국을 찾게 되고, 코로나도 끝을 향해 가고 있어서 이주민의 한국행이 많아져 업무량이 급증하여 많이 바빠졌다고 한다. 그러나 이들이 한국생활에 정착하는 데 본인이 도움이 된다면 그것보다 기쁜 일은 없을 거라며 주변에 도움이 필요한 사람이 있다면 언제든지 환영한다고 말했다. 중앙아시아 거리의 숨은 보석 같은 존재다.

하루 18시간 일하며 네 곳의 레스토랑 개척
파르투내 식당 **마리나 사장**

 중앙아시아 거리에서 취재팀은 마리나 사장과 그녀의 레스토랑 '파르투내'에서 중앙아시아 음식을 먹으면서 인터뷰를 하였다. (마리나 사장-러시아인, 남편-우즈베키스탄인 사마르칸트 출신)

 코로나로 인해 중앙아시아 거리 상권도 영향을 받아 활기가 없다가 거리두기 완화와 입국이 쉬워지면서 이 거리도 점점 생기가 돌고 있다. 식료품점을 너무나 정성스레 꾸미고 있어서 인터뷰를 요청했고 응해주셔서 이야기를 나누었다. 지금은 4곳의 가게를 운영할 정도로 상황이 좋지만 정착 초기에는 하루 18시간 일했다고 한다. 레스토랑은 마리나 사장님의 정성으로 매우 청결하였고 직원들은 친절하였으며 이주민뿐만 아니라 한국인 손님들도 많았다. 음식은 한국화된 중앙아시아 음식 맛이었다. 이 집의 성공비결인 듯하였다.

 한국에 오게 된 경위로 언제, 왜, 누구랑 왔나요?

20년 전 한국에 모델 활동하려고 왔고 한국에서 남편을 만나 결혼했습니다. 모델 활동을 계속할 수 없어서 남편과 미래에 대해 고민하다가 빵을 잘 굽는 남편과 같이 음식점을 하게 되었고요. 한국에서 요리사자격증도 땄습니다.

음식점 경영을 하면서 가장 힘들었던 점은 무엇인가요?

처음 시작할 때는 경제적으로 여유로운 상태가 아니어서 굉장히 힘들었습니다. 직원을 고용할 형편이 아니라서 둘이서 일했고 하루에 18시간 이상 일했었죠. 지금은 음식점 3곳, 식료품점 1곳, 직원 30명으로 많이 성장했습니다.

💬 한국에서 언어장벽, 문화차이를 어떻게 극복하였나요?

　　한국어는 어학당에 1년 다녔고 지금도 배우고 있는 중입니다. 자녀들은 한국어, 러시아어 모두 잘하고, 한국학교에 다닐 정도로 부족함이 없습니다. 한국 음식, 한국 문화 다 좋아하고요.

💬 한국인, 한국 사회에 바라는 점이 있다면 무엇인가요?

　　우리는 영주권이 있어서 한국 생활하는 데 어려움이 없지만 이주민 대부분이 외국인 신분이에요. 중앙아시아에는 한국에 와서 일하고 싶은 사람들이 많습니다. 취업비자가 쉽게 나왔으면 하는 것이 희망사항입니다.

💬 앞으로도 한국에 계속 살 생각인지. 그리고 음식점도 계속할 것인지요?

　　한국 영주권도 있고 자녀들도 한국 학교에 다니고 가게(직업)도 전부 한국에 있으니 여기서 계속 살아야겠죠? 이제는 한국 사회에 조금이나마 기여하면서 살아가고 싶습니다.

　　동대문에 오면 DDP만 오지 말고 한 골목 더 들어가 중앙아시아 거리에 들어가 보자. 우리의 동포 고려인들이, 한국이 좋아서 온 중앙아시아인들이 웃으며 우리를 맞아주고, 다양한 그들의 음식을 정성껏 내주는 동네, 그 순박한 웃음과 함께 다양한 문화를 접해 볼 수 있을 것이다.

PART 2
현장에서 만나는
세계시민교육

동남아시아

수원에서 만난
캄보디아와 한국의 가족애

서울 용산구에서 만난
베트남과 한국의 우정

수원에서 만난
캄보디아와 한국의 가족애

수원시 역전시장은 동남아 국가에서 수입되어 판매되는 각종 식자재 마트이며, 역전시장 지하 '다문화푸드랜드'에는 캄보디아 식당들이 모여 있다. 인계동에는 인도, 태국, 베트남 등 다양한 다문화음식점과 국제테마거리 등 다문화 관련 시설들이 많아 두 지역을 중점적으로 취재하기로 했다.

취재진 소개
캄보디아에서 농경제 마케팅 코이카 봉사단원으로 일한 다문화 전문가 최충호,
캄보디아 껀달 출신 이주여성이자 다문화강사 이지현

01
캄보디아
이해하기

세계문화유산
'앙코르 와트'가 있는 나라

　　캄보디아는 세계문화유산인 앙코르 와트 덕분에 많은 사람들이 알고 있는 나라다. 이곳을 보기 위해 수도 프놈펜과 시엠립에 아시아나항공과 대한항공 직항이 생겼고, 많은 해외 항공사들이 캄보디아를 경유하게 되었다. 2006년 11월에는 노무현 대통령이 캄보디아를 국빈으로 방문한 바 있고, 앙드레 김 패션아트 컬렉션이 앙코르 와트를 무대로 환상적인 패션쇼를 펼쳤다. 이 광경은 캄보디아인들에게 커다란 감동을 주었는데, 요즘은 전 세계적 열풍인 K-컬처가 캄보디아인들을 열광케 한다.

캄보디아 국기

캄보디아의 정식 국명은 '캄보디아 왕국(Kingdom of Cambodia)'이다. 국기는 파란색, 빨간색, 흰색 모두 세 가지 색으로 구성되어 있다. 파란색은 농업과 자연을 상징하고, 빨간색은 투쟁과 강인함, 그리고 흰색은 종교와 왕권을 뜻한다. 국기 가운데 위치한 앙코르와트의 세 탑 문양은 캄보디아 신화에서 우주의 중심을 상징하는 메루(Meru)산을 가리킨다. '국가, 종교, 왕(Nation, Religion, King)'은 캄보디아의 모토이다.

캄보디아 위치는 태국, 베트남, 라오스와 국경을 맞대고 있다. 수도는 프놈펜(Phnom-penh)이고, 주요 도시로는 시엠립(Siem Reap), 시아누크빌(Sihanoukville), 바탐방(Battambang) 등이 있다. 면적은 181,035km²로 남한의 약 1.8배이고, 한반도의 0.8배다. 남북 길이는 450km, 동서 길이는 580km, 해안선 길이는 340km이며, 가장 높은 산은 아오랄(Aoral)산으로 해발 1,813m이다.

캄보디아는 상당히 오랜 역사를 가진 나라다. 2,000년 전 프놈이라는 나라부터 시작되었다. 그 후 8세기 우리가 잘 아는 앙코르 왕조의 크메르 왕국이 세워졌고, 근·현대 프랑스 식민지를 거쳐 캄보디아 역사상 가장 암울했던 크메르 루즈 시대를 겪었다.

프놈펜 뚜얼 슬렝 대량학살 박물관의 해골

정말 참혹하고 슬픈 이 시대에 크메르 루즈의 급진적인 공산주의 혁명과 무력에 의한 통치에 따라 전 국민의 1/3이 질병과 기아, 노동 등에 의해 죽었다. 아직도 대부분의 캄보디아 사람들에게 끔찍한 기억으로 남아 있다. 결국 1978년 12월 베트남군이 캄보디아를 침공함으로써 막을 내리게 되었다.

우리가 잘 아는 1985년에 개봉된 영화 〈킬링 필드〉는 아카데미 남우조연상, 촬영상, 편집상을 수상하였는데 이 시대의 참상을 잘 표현해주고 있다.

캄보디아는 아열대 지방에 위치하므로 기본적으로 덥고 습한 기후다. 지방마다 조금씩 차이가 있지만 전형적인 열대 몬순기후로 평균 기온은 25도이며, 평균 강수량은 1,000~1,500밀리미터 정도이다. 많은 한국 사람들이 통상적으로는 건기와 우기, 두 계절로 나누지만 정확히 말하면 사계절이 있다고 할 수 있다. 1월부터 2월까지는 대체로 시원하고 건조한 시기라 이 시기에 많은 한국 사람들이 관광을 오고 있다. 3월부터 5월까지는 덥고 건조한 시기로 캄보디아 사람들도 쫄츠남이라는 캄보디아 새해를 즐기며 더위를 피한다.

프놈펜 중앙시장의 과일상점

두리안

캄보디아는 다른 동남아 국가와 마찬가지로 열대지방인 관계로 과일의 종류가 많이 있다. 망고, 망고스틴, 두리안, 파인애플, 수박, 파파야, 람부탄, 리치, 석류 열매, 야자수 열매, 잭프루츠, 껍질이 뱀 비늘 같은 스네이크 플루트(뱀 과일) 외에도 많은 과일이 있다. 그중에서 캄보디아의 대표적 과일로는 망고가 있는데 주로 4월에 가장 맛있는 망고를 맛볼 수 있다. 반면, 두리안은 여름(6~7월)에, 망고스틴도 여름에 먹어야 제 맛을 느낄 수 있다. 두리안을 처음 먹어 보는 한국 사람들은 그 특유의 향 때문에 거부감을 느끼지만 한번 맛을 보면 그 향긋함이 입안에 가득해서 '과일의 황제'라고 불리는 이유를 알게 된다.

02
캄보디아와 한국의 관계

유네스코 세계문화유산의 도시
수원시와 시엠립주

수원시와 캄보디아와의 인연은 2004년으로 거슬러 올라간다. 수원시는 2004년 7월 16일 캄보디아 시엠립 주와 자매도시 결연을 체결하고, 2007년 시엠립 주의 프놈끄라옴 마을을 수원마을로 선정하여 함께 협력하기 시작했다. 두 도시는 유네스코 세계문화유산인 수원 화성과 앙코르 와트로 유명하고 CNN에서 선정한 '꼭 가봐야 할 아름다운 곳'으로 선정되어 캄보디아와 한국의 전통문화의 아이콘으로 세계적으로 알려져 있다.

시엠립은 캄보디아에서 10번째로 큰 주다. 2019년 기준으로 인구 100만 명을 돌파했으며, 이는 캄보디아 내에서 네 번째로 많은 것이다. 시엠립 주 남쪽 경계의 대부분은 톤레삽 호수와 닿아 있으며, 시엠립 주는 톤레삽 생태보존구역을 이루는 9개의 지방 중 하나다.

톤레삽 호수

시엠립 주에는 유네스코 세계문화유산 보호지역인 앙코르 와트 유적이 있는 것으로 잘 알려져 있다. 앙코르 톰(Angkor Tom)에서 남쪽 약 1.5km 떨어진 곳에 있으며, 12세기 초에 건립되었다. 앙코르(Angkor)는 '왕도(王都)'를 뜻하고 와트(Wat)는 '사원'을 뜻한다.

당시 크메르족은 왕과 유명한 왕족이 죽으면 그가 믿던 신(神)과 합일(合一)한다는 신앙이 있었다. 왕은 자기와 합일하게 될 신의 사원을 건립하는 풍습이 있었는데, 이 유적은 앙코르 왕조의 전성기를 이룬 수리아바르만 2세가 바라문교(婆羅門敎) 주신(主神)의 하나인 비슈누와 합일하기 위하여 건립한 바라문교 사원이다.

앙코르 와트

수원에서 만난
캄보디아와 한국의
가족애

수원시 역전시장은 동남아 국가에서 수입되어 판매되는 각종 식자재 마트이며, 역전시장 지하 '다문화푸드랜드'에는 캄보디아 식당들이 모여 있다. 인계동에는 인도, 태국, 베트남 등 다양한 다문화음식점과 국제테마거리 등 다문화 관련 시설들이 많아 두 지역을 중점적으로 취재하기로 했다.

수원시 결혼이민자 수는 4,482명인데 대부분 한국계 중국 동포 주류를 이루고 있고 그중 캄보디아인은 52명이다. 수원 팔달구 역전시장 일대 다문화 관련 식당과 시설을 둘러보기 위해서는 서울 신도림역에서 1호선을 타고 수원역에 하차했다.

수원다문화푸드랜드
경기도 수원시 팔달구 매산로 2-10 역전시장

캄보디아 식당이 모여 있는 다문화푸드랜드로 가기 위해서는 4번 출구를 빠져나와 길 건너 역전시장을 들러야 한다. 시장 지하 아케이드에 모여 있는 다문화 식당들은 코로나 팬데믹 상황으로 대부분 문을 닫았으나 캄보디아 식당 '앞사라 앙코르2'만은 운영 중이었다.

식당은 12시가 넘어 한창 손님들로 붐빌 시간인데도 한가했다. 이지현 선생님은 주인아주머니와 만나 같은 고향(캄보디아 껀달)인 식당 주인 꼼레인 씨와 반가워하며 이야기꽃을 피웠다.

주인아주머니는 이주노동자로 2010년 한국에 와서 일하다 한국남자와 국제결혼하고 살다 이혼하고 그 동안 모은 돈과 은행 대출로 식당을 인수하여 6년째 운영 중이었다. 공고 1학년에 재학 중인 아들이 주말마다 도와주어서 큰 의지가 되고 있는데 "코로나 펜데믹 상황이 하루 빨리 끝나 예전처럼 손님이 많았으면 하는 바람"이 컸고 경기도와 수원에 살고 있는 캄보디아 이주민들의 사랑방 같은 곳이라 문을 닫을 수도 어렵다고 하소연하였다.

인터뷰 내내 가슴이 찡했다.

인계동 국제자매도시 테마거리 주변에는 다양한 문화의 인도 식당이나 태국 식당 등이 있었다.

캄보디아
시엠립주에는
수원마을이 있다?

수원시와 프놈끄라옴 마을의 인연은 2004년 시작됐다. 시엠립 주와 2004년 국제자매도시결연을 체결한 수원시는 빈민 지역이었던 프놈끄라옴 마을을 지원하기로 결정하고, 2007년 1월 '수원마을 조성 계획'을 수립했다. 수원마을 지원사업은 수원시가 ODA(공적개발지원)를 본격적으로 시작하는 계기가 됐다.

그해 12월 수원마을 선포식 후 '수원'은 프놈끄라옴 마을의 또 다른 이름이 됐다. 마을 입구에 '수원마을'이라는 한글 표지판이 있고, 수원시 지원으로 건립한 모든 건물 앞에는 캄보디아어와 한글이 함께 적힌 표지판이 세워졌다.

기반 시설이 전무했던 캄보디아 마을에 수원시의 지원으로 화장실·공동우물·마을회관·다리 등이 하나둘씩 들어섰고, 초·중·고등학교가 설립됐다. 2021년 수원시 지원으로 마침내 수원마을 도로가 완공됐다. 주민들은 마을회의를 열고, 새로 만든 도로 이름을 '프놈끄라옴-수원 우정의 길'로 정했다. 주 정부에 도로명 등록을 신청해 2021년 공식 등록했다. 마을 입구에는 '프놈끄라옴-수원 우정의 길'이라는 이름이 새겨진 표지석을 설치했다. 15년이 지난 현재 프놈끄라옴 수원마을은 시엠립 주에서 가장 쾌적하고, 살기 좋은 마을로 변모했다.

한국에서 만난
캄보디아 출신
세계시민
당구여제 '스롱 피아비'

수원시는 2020년 12월 7일 캄보디아 출신 세계 정상급 당구선수 '스롱 피아비'를 캄보디아 수원마을 지원사업 홍보대사로 위촉하였다. 스롱 피아비는 캄보디아에서 '김연아급'의 인지도를 지니고 있다. 한국과 캄보디아 양국의 가교역할을 하는 스포츠 스타로 평소 구충제 및 학용품 지원, 캄보디아 현지 봉사 등으로 틈틈이 모국을 돕는다. 현지 학교 건립(캄퐁톰 부지)에 대한 꿈을 갖고 있어 수원마을 지원사업에 대해서도 적극 협력하고 있다.

ⒸCarambol

세계여행을 느끼는
수원시 인계동
국제자매도시 테마거리

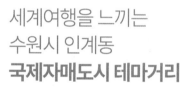

수원역전 매산시장 앞에서 버스로 20분 거리에 있는 인계동에 하차하면 20세기 한국 최초 여성 서양화가이며 문학가이고 근대 여성해방운동의 상징적 여성인 나혜석 거리를 만나게 된다. 그 길 옆에는 국제자매도시 테마거리가 이어지는데, 전세계 14개국의 국제자매도시, 4개 우호도시의 상징조형물이 설치되어 있다.

그 거리 첫째 조형물로 캄보디아 시엠립 앙코르와트가 설치되어 있다.

인계동 인근에는 수원시 국제교류센터와 인계예술공원, 다문화 맛집 등 즐기고 볼거리가 풍성하다.

03
수원에서 캄보디아와의 공정무역을 이야기하다

품코안 마을 캐슈너트 이야기
킬링필드가 해피랜드를 꿈꾸다!

　수원 역전시장에서 걷기 시작하여 다문화푸드랜드 캄보디아 식당과 인계동 일대 국제자매도시 테마거리를 취재하고 다문화 식당 식사를 하던 중 우리는 커리와 샐러드 식재료로 많이 쓰이는 캐슈너트에 대한 새로운 이야기를 알게 되었다. 캄보디아 캐슈너트는 공정무역 제품으로 우리나라에 많이 수입되고 음식과 디저트 재료로 많이 쓰인다는 것이다. 우리는 캄보디아 공정무역 캐슈너트에 대해 알아보았다. 캄보디아에 있을 때 자주 사 먹었는데 캐슈너트는 맛이 고소하고 영양도 풍부하지만 열매에 독성이 있으며 까기 힘든 견과류다.

　공정무역(公正貿易, fair trade)은 다양한 상품의 생산에 관련하여, 여러 지역에서 사회와 환경 표준뿐만 아니라 공정한 가격을 지불하도록 촉진하기 위하여 국제 무역의 시장 모델에 기초를 두고 조직된 사회운동이다. 이 운동은 후진국에서 강대국으로의 수출품에 특히 초점을 두고 있는데, 주로 커피, 카카오, 면, 와인, 과일 등이다.

　공정무역의 목적은 경쟁에서 떠밀려 버린 생산자와 노동자가 함께 신중하게 일하는 데 있는데, 이는 생계의 안정성과 경제적 자급자족이 되도록 취약한 상태로부터 그들이 벗어나는 것을 돕기 위함이다. 또한 그들 자신의 조직에서 지분을 갖게 하고, 국제 무역에서의 공정성을 더욱 획득하기 위하여 국제적인 무대에서 더 활동적으로 폭넓은 역할을 수행하도록 함으로써 그들에게 자립 능력을 부여하는 데 목적이 있다.

공정 무역의 옹호자들은 옥스팜, 국제엠네스티, 그리고 국제카리타스 등과 같은 국제적인 종교 단체, 구호 단체, 환경 단체 등에 널리 분포되어 있다.

국내 공정무역관련 업체 중 우리는 아시아공정무역네트워크를 방문하였는데 캄보디아 라타나끼리 주 소수 민족의 삶의 질 향상을 위해 많은 일을 하고 있었다.

동남아 팀원들과 함께 아시아공정무역네트워크 방문
(좌로부터 김하연, 이지현, 이강백 대표, 황승임, 최충호)

라타나끼리 주 캐슈너트 생산자인 끄렁족은 라따나끼리 밀림에 사는 13개의 소수 민족 중 하나로, 품코안 마을에는 약 300여 명의 끄렁족 주민들이 살고 있다.

이 마을은 캐슈너트 재배에 최적의 기후와 토양을 갖추고 있어, 자연 그대로 두고 키워도 캐슈너트 열매가 크고 당도가 높다. 하지만 춘궁기에는 하루에 한 끼도 제대로 먹기 힘들 정도로 사정이 딱하다. 이 마을의 영세농들은 캐슈너트 가공기술도, 간단한 가공시설도 없어 헐값에 캐슈너트를 팔아 넘겨야만 했다.

2018년부터는 마을에서 수확된 캐슈너트를 아시아공정무역네트워크와의 품질 개선과 상품 개발로 2018년 12월 처음 한국의 소비자에게 선보이게 되었다.

아시아공정무역네트워크와의 지속적인 공정무역 파트너십으로 캐슈너트 가공공장을 운영하고 취약 계층인 마을 여성과 청년실업자들의 일자리를 만들어갔다. 또한 최근에는 공정무역의 수익을 통해 아이들이 더 이상 노동이 아닌 제대로 된 교육을 받을 수 있도록 마을에 하나 있는 학교를 개·보수하였다. 이렇게 한국의 공정무역 소비자들과 캄보디아 밀림지역의 품코안 마을 사람들은 함께 살아가는 방법을 찾아가고 있다.

가공된 캐슈너트

이강백 대표와의 인터뷰에서 우리는 많은 것을 생각하게 되었다. 이강백 대표는 '아름다운 가게' 등 사회적 기업에서 많은 일을 해 오신 분이다. 대표님은 공정무역에 대해 다음과 같이 이야기하셨다.

"아름답다는 것은 공정하다는 것입니다. 공정하고 아름다운 세상으로 가는 길은 하나의 여행입니다. 그 여행에 여러분들을 우리의 동반자로 모시고 싶습니다. 공정한 세상으로 가는 여정에서 중요한 것은 협력의 정신과 서로를 돌보겠다는 철학입니다. 아무리 잘 먹고 잘 산다고 한들 서로 돌보고 나보다 어려운 약자를 돕는 품격을 갖고 있지 않다면 무슨 의미나 가치가 있을까요?

우리는 스스로를 돕는 '자립'의 책임감을 가져야 할 뿐만 아니라 타인에 대한 '돌봄'의 책임감을 가져야 합니다. 이 두 가지야말로 가장 중요한 삶의 우선순위입니다. 우리가 '가야 할 여행의 목적지'는 서로의 자립을 돕고 서로를 존엄하게 대우하는 세상입니다. 이것은 우리가 가져야 할 명확한 가치이고 철학입니다. 이것은 우리에게 영감의 원천이고, 열정의 뿌리가 되는 정신입니다. 우리의 열망이며 어두운 밤길에도 방향을 잡아주는 북극의 빛나는 별입니다.

우리의 비전은 삶의 태도가 바뀌는 것입니다. 빈곤의 고통에 시달리는 사람들이 자립하도록 하는 것, 서로를 존엄하게 대우하고 돌보는 것, 이 두 가지야말로 우리가 가져야 할 삶의 태도입니다. 우리는 공정무역을 통해 빈곤의 고통을 제거하고자 합니다. 그렇지만 우리는 엄숙하고 재미없는 방식이 아니라 즐겁고 재미있고 흥미로운 방식으로 하고자 합니다.

인간의 존엄을 지키고 인류의 양심을 밝히는 우리의 활동은 여행처럼 흥미롭고, 놀이처럼 재미있어야 합니다. 우리는 정의로운 사회 시스템을 만드는 활동을 하면서도 개인의 성장과 발전을 동시에 추구합니다. 우리는 지속가능한 발전을 추구하면서도 일하는 사람들의 인간다운 삶을 포기하지 않으려고 합니다. 우리는 타인의 변화를 요구하고 구조의 변화를 요구하면서도 우리 자신의 변화를 위해 노력하는 균형 잡힌 인격체가 되고자 합니다.

우리의 사명은 공정한 거래로 감사와 존경의 그물망을 창조하고, 자립과 존엄의 '보다 나은 세상'을 만드는 것입니다."

품코안 마을 캐슈너트 이야기

캐슈너트 열매

캐슈너트 농장 가는 길

캐슈너트 농장

룩스라이는 올해 34세로 남편이 병으로 젊은 나이에 세상을 떠난 후, 홀로 4살 아들을 키우고 있다. 그녀의 가족은 하루 1달러 미만의 생활비로 살아가고 있어, 약 한 번 써보지 못하고 남편을 허무하게 보내야만 했다. 그러던 룩스라이의 삶이 달라졌다. 한국의 국제개발협력 NGO인 월드쉐어의 지원으로 품코안 마을에 캐슈너트 가공시설이 생겼기 때문이다.

원주민들은 농법, 가공기술, 품질관리 등에 대한 교육을 받으며 품질 좋은 캐슈너트를 생산하게 되었다. 룩스라이와 같이 나무가 없어 생산하지 않는 주민들은 가공시설에서 일자리를 얻게 된다. 일자리를 얻고 수입이 생긴 룩스라이는 시내에도 나가고 약도 구입하게 되면서 가난으로 고통스러웠던 병에 대한 두려움에서 벗어나 삶의 활기를 되찾을 수 있게 되었다.

끄렁족은 캐슈너트 판매를 통한 공정무역 프리미엄으로 가족이 아플 때 병원에 갈 수 있고 아이가 농장 대신 학교에서 공부할 수 있는 돈을 벌어 삶의 기반을 만들 수 있게 되었다. 가난과 우울 속에 살고 있던 룩스라이가 새로운 삶의 기회를 찾게 된 것처럼 말이다.

캐슈너트 선별 작업

품코안 마을에 사는 25살 소수민족 청년인 짠뜨라는 초등학교 4학년 때 아버지가 병으로 돌아가셨다. 나이가 많은 어머니는 일자리를 구하기 어려웠고, 동생까지 있어 어려워진 형편에 공책과 연필을 살 돈조차 없어 초등학교를 그만둘 수밖에 없었다. 밭도, 가축도 없고, 제대로 된 교육도 받지 못한 짠뜨라에게 꿈을 꾸는 것은 사치였다.

그러던 2018년 어느 날 월드쉐어가 이 외진 품코안 마을에 캐슈너트 공장을 설립하였다. 도시에서 9시간이나 비포장도로를 따라 한참 들어가는 외진 품코안 마을에 공장이 생긴다는 것은 아무도 상상하지 못했던 일이었다. 그리고 얼마 뒤 '캐슈너트 공장에서 일할 사람을 모집합니다.'라는 소식에 짠뜨라의 심장은 빠르게 뛰기 시작했다. 그렇게 짠뜨라는 품코안 마을에 처음 생긴 캐슈너트 공장에서 교육을 받으면서 캐슈너트의 껍질을 까고 세척하는 일을 성실하게 하게 되었고, 지금은 숙련된 노동자이자 믿을 수 있는 관리자로 일할 수 있게 되었다.

이렇게 일을 하면서 번 돈으로 짠뜨라는 동생의 학비도 지원하고, 집안 식구들의 끼니를 책임지며, 조금씩 저축한 돈으로 드디어 새끼 돼지도 살 수 있었다. 춘궁기에 한 끼밖에 못 먹을 정도로 형편이 어려운 품코안 마을에서 돼지는 따로 먹이를 주지 않아도 이곳저곳을 휘저으며 알아서 살아갈 수 있는 몇 안 되는 가축이기에 소중한 자산이 되었다.

짠뜨라는 아직 세 마리 뿐이지만 자그마한 돼지우리를 가지고 있고, 공장에서 성실히 일하면서 꿈을 꿀 수 있게 되었다. 이제 짠뜨라는 미래에 하고 싶은 일을 생각한다.

돈을 많이 벌게 되면 짠뜨라도 캐슈너트 밭을 조금이라도 사서 캐슈너트 농사를 짓고 싶다고 한다. 공부도 더 하고 싶고, 더 어려운 이웃들도 돕고 싶다고 한다.

서울 용산구에서 만난
베트남과 한국의 우정

취재진은 서울 속에서 베트남 문화를 보고 느낄 수 있는 장소가 있는지 궁금했다. 지인의 도움을 받아야 했고 인터넷 검색도 했다. 뜻밖에도 베트남은 우리 주변 가까이에 있었다.

취재진 소개

베트남 문화를 알리는 문화다양성 이해교육 강사 김하연(팜티마이)

베트남 관련 책을 11권 읽고, 베트남 여행을 계획하고 있는 황승임

한국과 베트남의 동행 30년

2022년은 한국과 베트남이 수교를 맺은 지 30주년이 되는 해다. 내가 베트남에 인상 깊었던 것은 TV에서 본 축구 소식 때문이다. 우리나라 박항서 감독이 이끄는 베트남 축구대표팀이 아시안게임 4강에 진출했고, 스즈키컵 우승으로 경기장에 태극기와 금성홍기가 휘날린다는 뉴스였다. 뉴스를 보면서 나도 베트남 사람들처럼 기분이 좋았다. 그런데 양국 교류 기간이 벌써 30년이라니. 수교 30주년 기념으로 대한민국역사박물관에서 보도사진전을 개최한다는 소식을 접했다. 지하철을 타고 광화문역에서 내려서 보도사진전을 보러 갔다. 사진전에는 역대 대통령과 기업의 대표가 수교와 문화행사를 하는 사진들로 구성되어 있었다. 사진전을 보며 그동안 많은 교류가 있었다는 것을 알게 됐다. 수교 30주년을 맞아 베트남을 자세히 알아보는 것도 의미 있을 것 같았다.

취재진은 서울 속에서 베트남 문화를 보고 느낄 수 있는 장소가 있는지 궁금했다. 지인의 도움을 받아야 했고 인터넷 검색도 했다. 뜻밖에도 베트남은 우리 주변 가까이에 있었다. 우리나라 지방지치단체와 베트남의 도시가 자매결연을 맺어 교류를 해 오고 있었다. 베트남의 과일, 쌀국수, 커피 등 식료품 가게도 찾았고, 베트남 현지의 맛을 볼 수 있는 음식점도 많이 눈에 들어왔다.

54개 민족의 부지런한 나라, 베트남

베트남 국기

베트남의 국가명칭은 베트남 사회주의 공화국(Socialist Republic of Viet Nam)이다. 베트남의 국기를 '금성홍기'라 한다. 빨강 바탕에 금색의 큰 별이 중앙에 그려져 있다. 빨강은 혁명의 피와 조국의 정신을 의미한다. 금별의 다섯 모서리는 각각 노동자, 농민, 지식인, 청년, 군인의 단결을 상징한다.

수도는 북쪽에 위치한 하노이로 베트남에서 가장 큰 도시다. 베트남은 동남아시아 대륙 동쪽 끝에 있는 S자형 나라다. 북쪽에는 중국, 서쪽에는 라오스와 캄보디아, 동쪽과 남쪽에는 남중국해와 접하고 있다. 면적은 33만 341㎢로 한반도의 약 1.5배 크기다. 약 2,300여 개의 크고 작은 강이 있어 물이 풍부하다. 북부의 홍강 평야와 남부의 메콩강 평야는 대표적인 곡창지대다. 강 주변의 충적토로 이루어진 메콩강 평야는 고온다습하여 연 3모작을 할 수 있다.

연평균 기온이 24.1도로, 북부는 아열대 기후에 속해 봄, 여름, 가을, 겨울의 사계절이 뚜렷하다. 반면, 남부는 열대몬순 기후라서 건기와 우기로 구분된다.

민족은 비엣족이 전 국민의 대부분을 차지한다. 그 외 타이족, 므엉족, 크메르족 등 소수민족이 각 지역에 흩어져 살고 있다. 다민족 국가가 된 것은 고대사회 이후 중국, 프랑스, 미국 등 침략으로 인해 빈번하게 혼혈이 이루어졌기 때문이다. 또 무역과 종교의 전래로 외국인이 베트남에 정착하는 경우도 많았다. 그래서 베트남인들은 외국인에게 거부감이 적다고 한다.

언어는 베트남어를 공용어로 사용하고 있다. 베트남 글자에 붙은 악센트는 말의 높낮이와 길고 짧은 음의 성조를 나타낸다.

베트남의 국민성은 근면, 성실, 인내, 친절 그리고 외세에 굴복하지 않는 나라라는 자부심이 강하다. 또한 가족에 대한 헌신으로 효도를 미덕으로 여긴다. 체면을 잃는 것을 치명적 타격으로 생각하여 좋은 평판을 받기 위해 노력한다. 지식과 배움에 열망이 강해서 동남아시아에서 문자 해독률이 가장 높다. 나이, 신분, 위치에 따라 선임자를 존경하며 상대를 배려하려는 마음이 크다. 여성의 능력을 남성과 차별을 두지 않아 여성의 사회활동이 활발하며, 정부나 단체 등의 중요 자리에 진출한 여성이 많다.

베트남의 의식주

의(衣)

베트남은 1년 내내 아열대와 열대 기후의 무더운 날씨 때문에 의복이 발달하지 않았다. 베트남을 대표하는 의복은 흰색 '아오자이'다. 아오자이는 아오는 '옷', 자이는 '길다'로, 긴 옷이라는 뜻이다. 19세기부터 베트남 여성들이 즐겨 입기 시작한 전통 의상으로 그 전에는 남자들도 입었다. 천이 두껍고 질긴 옷으로 몸에 붙지 않는 여유 있는 형태였다.

지금의 아오자이는 1930년대 초 유럽풍의 디자인에 따라 옷깃을 세우고 몸의 선이 드러나게 디자인되어 있다. 아름다움 위주의 가볍고 얇은 옷으로 바뀐 것이다. 아오자이는 옆선을 길게 터서 허리가 살짝 드러나도록 디자인됐다. 옷감도 얇은 명주천을 사용한다. 색상은 흰색, 하늘색, 분홍, 노랑 등 파스텔톤 계열의 밝고 연한 색상을 사용한다. 현재는 여성이 주로 입는 옷이다. 지금은 명절이나 행사, 일상복으로, 기업의 유니폼으로 입는다. 무늬가 없는 흰색 '아오자이'는 학생들의 교복으로 입는다.

아오자이와 함께 베트남을 상징하는 것으로 삼각형의 전통 모자 '논라'가 있다. '논'은 모자, '라'는 나뭇잎으로, 나뭇잎을 엮어 만든 모자라는 뜻이다. '논라'는 베트남인들의 실용적인 생활습관이 담긴 모자다. 베트남의 기후에 맞게 '논라'는 햇볕을 막아주고, 비가 자주 내리는 우기에 주로 썼다. 양산, 부채, 우산 그리고 바구니 등으로도 편리하고 다양하게 활용된다.

식(食)

베트남 사람들의 주식은 밥이다. 밥은 베트남어로 '껌'이라고 한다. 북부 홍강 평야의 사람들은 원래 찹쌀을 먹었다. 인구가 점차 늘어나면서 수요를 따라가지 못해 지금은 안남미로 알려진 찰기 없는 멥쌀을 먹는다. 쌀에 찰기가 없어서 밥을 먹을 때는 젓가락을 쓰기보다 밥그릇을 입에 대고 먹는다. 밥과 함께 각종 채소와 생선, 고기, 국과 함께 먹는다.

쌀국수

베트남 식탁에 큰 영향을 끼친 나라는 중국이다. 중국은 베트남에 튀기는 요리법과 젓가락 사용법을 전수했다. 숟가락은 우리나라 것보다 짧은데, 밥을 먹을 때보다는 국을 뜰 때 사용한다.

베트남 사람들은 아침 식사를 길거리에서 사먹는다. 날씨가 더워서 아침 일찍 일하러 나가야 하기 때문이다. 또한 더운 날씨 때문에 불 앞에서 음식을 만들기가 어려운 이유도 있다. 도시에는 맞벌이 가정이 많다. 아침은 길거리에서 파는 쌀국수, 죽, 쌀가루로 만든 만두 등으로 대신한다. 목욕탕에서 쓰는 키 낮은 플라스틱 의자에 둘러앉아서 먹는다.

쌀국수는 베트남을 대표하는 음식이자 베트남 사람들이 즐겨 먹는 음식이다. '퍼(pho)'로 알려진 베트남 쌀국수는 조리법과 취향에 따라 여러 가지다. 국수를 면발로 비교하면 단면이 직사각형인 '퍼'와 원형인 '분'이 있다.

분짜

2016년 베트남을 방문한 미국 오바마 전 대통령이 먹어서 유명해진 음식이 있다. 하노이의 칼국수 '분짜'다. '분'은 쌀로 만든 얇은 원형의 면이다. '분'은 건면이 있고 생면이 있다. 생면은 아침에 반죽한 쌀가루로 즉석에서 뽑은 면을 말한다. 건면에 비해 부드럽고 목 넘김이 좋다. '짜'는 다진 고기를 말한다. 햄버거용 패티 또는 떡갈비처럼 양념을 해서 구웠다. '분짜'의 고기는 반드시 숯불로 구워 불맛을 살려야 제 맛이다. '분짜'에는 상추, 고수와 같은 잎채소를 얹어서 먹으므로 맛과 영양을 고루 챙기는 음식이다.

학생들이 걸으며 먹을 수 있는 '쏘이'라는 찹쌀밥과 '반미'라는 샌드위치가 있다. '쏘이'는 찹쌀밥 위에 고기, 건어물, 채소 등을 올려 간단하게 먹는다. '반미'는 밀가루와 쌀을 섞어 만든 바게트 사이에 햄, 채소 등을 넣은 베트남식 바게트 샌드위치다.

베트남 음식의 마지막을 구성하는 재료는 '느억맘'이다. '느억'은 물이고, '맘'은 젓갈을 말한다. '느억맘'은 액젓이고 주로 멸치로 만든다. 물과 파, 마늘, 고추 등 양념재료를 섞어서 농도를 낮추고 맛을 낸 것을 '느억짬'이라 한다. 개인 접시에 국물을 조금씩 떠서 국수, 고기, 잎채소를 적셔 먹는다. '느억짬'은 베트남 음식에 두루 쓰이며, 양식에서는 소스로도 쓴다.

주(住)

베트남에서 오래된 집은 지상에서 띄우는 고상가옥 형태로 '냐산'이라고 한다. 이곳은 기온이 높고 강수량이 많기 때문이다. 홍수로 인한 침수나 들짐승, 해충 등을 피해 2미터 정도 높이의 원두막 형태로 짓는다. 산간 소수민족들이 이곳에서 주로 살며, 3대 가족 여러 명이 함께 모여 산다. 산에 사는 부족들이 구하기 쉬운 재료인 나무, 대나무, 밀짚, 흙 등으로 짓는다.

냐산

'냐산' 중에는 집 바닥의 높이가 땅으로부터 3미터, 지붕 끝이 10미터 정도로 높고 어른 100여 명이 앉을 만큼 큰 집도 있다. 이는 촌락 우두머리의 가옥으로 권위의 상징이다. 때로는 촌민들의 회의장으로 사용되기도 했다.

평야 지대의 집 형태는 '냐꼬'라고 한다. 흙, 나무, 벽돌 등으로 집을 짓는다. 고대부터 나무는 집을 짓는 데 사용하였으며 주택 소유자의 부와 명예를 상징했다. 목조 주택은 가족의 친밀감과 따뜻함을 나타내고 전통적인 아름다움을 보여주는 건축 양식이다. 집의 중간 부분은 조상 숭배의 장소이고, 양쪽은 휴식과 가족을 위한 장소이다.

해안지대에는 고기잡이배로 만든 선상가옥이 있다. 이 선상가옥 모여 커져 어촌을 형성하기도 한다. 강가에서는 말뚝을 박아 튼튼하게 다진 뒤 그 위에 '냐산'과 같은 나무집을 짓는다.

대도시에는 폭이 좁고 긴 형태인 프랑스풍의 우아한 석조 주택이 있다. 벽을 밝은 노란색으로 페인트칠을 한 3~4층의 건물로 폭이 좁다. 폭이 좁은 건물이 다닥다닥 붙어 있는 이유는 도로에 접한 너비를 기준으로 세금을 매기기 때문이다. 그러나 건물 안으로 들어가 보면 중심이 깊고 면적이 넓은 경우가 많다. 대도시는 인구밀도가 높아 주택의 폭을 4미터 이하로 제한하는 대신, 층수와 길이는 자유롭게 허용한다. 도시의 단독주택들은 주거 기능과 경제 기능을 동시에 수행하도록 짓는다. 1층은 창고나 가게, 오토바이를 보관하고, 생활은 2층 이상에서 한다.

베트남 민족의 큰아버지, 호찌민(1890~1969)

호찌민(Hồ Chí Minh)은 베트남 혁명의 영도자이자, 베트남 공산당을 창건한 국부다. 조국의 통일과 독립을 위해 결혼도 안하고 평생을 조국에 바친 민족의 지도자다. 베트남 사람들은 존경과 친밀함의 의미로 '박호(Bác Hồ)' 즉, 큰아버지라고 부른다.

호찌민은 베트남 중부 응에 안(Tỉnh Nghệ An)성 호앙 쭈(làng Hoàng Trù)라는 작은 마을에서 출생했다. 본명은 '응우옌 신 꿍(Nguyễn Sinh Cung)'이다. 어린 시절 어머니가 사망하고 아버지는 관직에서 면직되면서 빈곤한 생활을 했다. 그는 나라를 구하기 위해 해외로 가야겠다고 결심한 후 학업을 포기하고 사이공인 현재의 남부로 내려왔다. 이름을 바꾸고 프랑스 상선 '아미랄 라뚜쉬 뜨레빌'에서 주방일을 했다. 그는 생전 160여 개가 되는 필명과 가명으로 바꾸면서 활동했다.

프랑스 파리에서 정원사, 웨이터, 청소부 등으로 일하며 사회주의 운동을 시작했다. 베르사유 평화회의에 베트남민의 자유, 민주, 평등권을 요구했다. 이는 중재자들에게는 반응을 얻지 못했으나 많은 베트남 지식인들에게 이름이 알려지는 계기가 되었다. 그는 프랑스 공산당에 가입했고, 소련으로 건너가서 국제공산당에서 일했다.

중국을 근거지로 베트남 혁명청년동지회를 결성하여 이곳에서 훈련받은 베트남인들을 인도차이나 지하조직으로 내보냈다. 그리고 기관지 <청년>을 발행하며 조직을 키워나갔다.

그러다 홍콩에서 영국 경찰에 체포되었고, 석방된 뒤에는 모스크바 레닌대학에서 공부했다. 이후 중국 쿤밍에서 공산당 조직과 함께 활동하였고, 베트남 잠입에 성공한다. 인도차이나는 프랑스와 일본의 공동협약 아래 식민지 지배를 받고 있었는데, 그는 인도차이나 공산당을 중심으로 월맹(베트남독립동맹)을 결성하여 해방을 위한 목표로 세력을 확산시켜 나갔다. 이때부터 호찌민이라는 이름을 사용하게 됐다.

미국은 인도차이나에서 프랑스 세력을 약화시킬 목적으로 월맹을 지원했고, 호찌민은 승리할 기회를 얻게 되었다. 태평양 전쟁 종결 후 호찌민을 의장으로 하여 민족해방위원회가 결성되었고, 월맹은 베트남 중·북부 지역을 장악해 갔다.

1945년 호찌민은 베트남민주공화국의 독립을 선언하면서 정부 주석으로 취임했다. 이후 제네바 회담에서 베트남은 17도선을 경계로 남북으로 분할되었으며, 이후 남북 간 베트남 전쟁이 시작됐다.

그 뒤 남부 베트남의 해방을 주도하다가 평생의 염원인 베트남의 통일을 보지 못하고 79세로 생을 마감하였다. 호찌민이 사망한 9월 2일은, 베트남민주공화국 독립을 선언한 1945년 9월 2일과 일치한다.

하노이 호찌민의 묘

베트남의 수도, 하노이

하노이 시는 강 안쪽, 즉 '홍강과 또릭강 사이에 있다'는 뜻이다. 1976년 베트남사회주의공화국이 수립되면서 수도로 지정됐다.

하노이는 베트남 북부의 중국 및 라오스 국경 근처의 곡창지대인 홍강 델타 중앙에 있다. 사계절이 비교적 뚜렷한 아열대성 기후로, 겨울에는 10~16도로 선선하고, 여름에는 37~38로 무덥다.

탕롱황성

베트남인들은 하노이를 '천년고도'라고 한다. 천 년 역사의 유서 깊은 도시로 정치와 문화의 중심이기 때문이다. '탕롱황성'은 천년고도의 문화유산으로 하노이에서는 유일하게 유네스코 세계문화유산에 등재된 곳이다.

하노이 오페라 하우스

과거 프랑스가 식민지로 삼았던 곳이라 '리틀 파리'라 불릴 정도로 하노이 시내는 북부 베트남 특유의 건물과 함께 프랑스식 건물을 많이 볼 수 있다. 건물뿐만 아니라 도로 구조도 파리의 거리와 비슷하다. 대표적인 곳이 하노이 오페라 하우스다. 하노이 오페라 하우스는 파리 오페라 하우스를 본떠 지은 건물로, 독립선언 직후부터 1963년까지는 북베트남의 국회의사당으로도 쓰였다.

호안 끼엠 호수

'환검호 전설'로 유명한 호안 끼엠 호수는 하노이 여행의 중심지다. 호안 끼엠 호수 북쪽에 있는 올드 쿼터는 흔히 '36거리'라고도 불리는 곳이다. 이 36거리에서 사진 찍기 좋은 곳은 따 히엔으로 파리의 뒷골목 분위기가 나서 여행객에게 인기가 있다.

도시 서쪽에 행정기관이 밀집한 바딘 광장 주변에는 호찌민 묘소와 각국 대사관, 중국 유교 사상이 깃든 문묘, 불교 사찰, 도교 사원이 혼재되어 있다. 프랑스 식민 정부가 본국과 유사하게 지어 이국적인 분위기의 콜로니얼(colonial) 건축물도 밀집해 있다. 북서쪽에는 하노이에서 가장 큰 떠이 호수가 있다.

남부 베트남의 수도였던 호찌민

호찌민 시는 베트남 남부 안남산맥의 남단에 있는 생자크 곶 북서쪽 약 100킬로미터 지점에 있다. 열대몬순 기후로 겨울에는 최저 25도, 여름에는 40도로 무덥다. 건기는 5~11월이고, 우기는 12~4월이다.

호찌민 시는 베트남에서 가장 큰 도시로 사이공강과 동나이강 하류에 있다. 호찌민 중심부에서 남서쪽에 있는 '촐롱'은 화교가 많은 거리이며 상업중심지이다. 메콩강 삼각주에서 나오는 쌀도 여기서 거래하고 정미한다.

1698년 '응우옌' 왕 때 현을 설치하여 '자딩'이라 불렸으나 얼마 전까지 사이공으로 불렸던 도시다. 프랑스 지원 하에 '바오다이' 정권 수립 후 사이공을 수도로 정해 베트남 통일 전까지

촐롱

남부 베트남의 수도였다. 통일 후 '호찌민 주석'의 위업을 기리기 위해 호찌민으로 개명하였다.

사이공으로도 불려서 〈미스 사이공〉이라는 뮤지컬로, 영화 〈연인〉, 〈그린 파파야 향기〉, 〈시클로〉의 배경이 된 곳이다.

하노이가 주재원 위주 교민사회라면, 호찌민은 자영업 위주의 교민사회인 게 특징이다. 도시 남쪽 외곽에 위치한 '푸미흥' 시에는 코리아타운이 형성되어 있으며 여기에는 베트남어 간판보다 한국어 간판이 더 많다. 베트남에서 한국 교민이 가장 많이 사는 곳이다.

노트르담 성당

호찌민의 주요 관광지로는 노트르담 성당, 중앙우체국, 인민위원회, 통일궁이 있다. 많은 마천루들이 하루 만에 볼 수 있을 정도로 가까이 있다. 벤탄 시장과 여행자거리도 도보로 가능하다.

근교 관광으로는 메콩강 델타 투어, 땅굴 체험을 할 수 있다. 무이네 해변과 사구, 붕따우 해안도시 등도 아름다운 관광지다.

베트남 제1의 항구이자 공업도시, 하이퐁

하이퐁 항 추아베 부두

하이퐁 시는 베트남 북부, 송꼬이강 삼각주 위에 있는 베트남 제일의 항구도시다. 1874년 프랑스가 항만을 건설하면서 급속히 발전하였다. '홍가이', '몽카이', '빈' 등 국내 항구들과의 교역은 물론 러시아, 중국, 프랑스 등의 무역이 활발한 곳이다.

석탄·커피·담배·시멘트 등을 수출하고, 기계·석유 제품·비료 등을 수입한다. 프랑스 식민지 시대부터 시멘트 공업이 활발하였으며, 독립 후에는 시멘트 외에 방적, 알루미늄, 통조림, 유리 등을 생산하는 베트남 최대의 공업도시다.

맹호부대의 주둔지 퀴논 시

퀴논 시는 베트남전 당시 '맹호부대'의 주둔지였다. 1997년 6월 용산구와 퀴논 시는 자매 결연을 맺었고, 지금까지 국제교류와 우호를 증진하고 있다. 용산구와 퀴논 시는 전쟁의 아픔을 치유하고 화해의 의미를 담아 이태원에는 '퀴논 길'을, 퀴논의 안푸팅 국제무역지구에는 '용산 거리'를 만들었다.

베트남 중남부의 최대 관광도시다. 여행자들이 중부의 다른 휴양지보다 다소 접근성이 떨어지는 퀴논을 찾는 이유가 있다. 마을을 따라 완만하게 형성된 긴 해안선 때문이다.

삼면이 산, 사면이 바다로 둘러싸인 청정한 해변에는 세계 브랜드 호텔 들이 앞다퉈 들어서고 있다. 목재 가공과 가구 제조가 주요 산업의 전부였던 빈딘 성의 작은 주도는 이제 '관광업'이라는 새로운 청사진과 함께 장밋빛 미래를 맞이할 준비를 마쳤다.

아름다운 해변이 있는 다낭

다낭 시는 남북으로 길쭉한 베트남의 잘록한 허리 부분 가운데에 있는 도시다. 열대몬순 기후를 나타내고 있으며, 매년 2~8월 정도가 건기, 8~12월 사이가 우기에 속한다.

미케 비치

2010년대 후반부터는 베트남 중부 관광의 중심지가 되어 가고 있으며, 베트남 내에서 가장 인기 있는 관광지로 떠오르는 중이다. 아름다운 해변이 인근에 많이 있어 휴양지로 각광을 받고 있다.

바나 힐의 놀이시설

바나 힐은 다낭의 대표적인 관광명소이다. 11월에도 30도가 넘는 무더운 다낭에서 프랑스 식민지 시절, 프랑스 사람들이 선선한 고지대에 개발하기 시작한 유서 깊은 역사를 자랑하는 휴양지다. 오늘날에는 그곳에 각종 테마파크 건물들과 놀이시설들을 설치하여 놀거리까지 제공하고 있다.

한국인 관광객이 유난히 많이 찾아오는 특징 때문에 메뉴판에 한글명이 써 있거나 점원이 한국어를 대략 알아듣는 경우도 있다.

다낭은 비교적 비행시간이 짧고 물가가 저렴하여 휴양과 관광을 모두 즐기기 좋은 장소다.

바나 힐

02
물의 나라
'베트남 퀴논 길'
탐방

서울시 용산구 이태원동에는 '베트남 퀴논 길'이 있다. '베트남 퀴논 길'을 찾아가려면 지하철 6호선 이태원역 4번 출구로 나와서 왼쪽 방향으로 225미터 걸어가면 된다. 이 길은 용산구 보광로 59길 일대로 너비 8미터, 길이 330미터다. 1997년부터 서울시 용산구와 베트남 퀴논 시는 자매결연을 맺어 교류와 우정을 쌓아 오고 있다.

2016년 용산구는 퀴논 시와 우호교류 20주년을 기념하여 관광명소인 이태원에 '베트남 퀴논 길' 명예도로명을 새롭게 부여했다. 그리고 지저분한 골목을 청소하고 낙서를 지우는 등 재정비를 했다. 베트남과 퀴논 시를 상징하는 조형물을 설치하고, 전통 풍습을 벽화로 그려서 문화와 생활을 소개하고 있다.

베트남 국화인 연꽃을 패턴 방식으로 디자인하여 도로 바닥과 조명 기둥에 문양을 새겨 넣었다. 거리 곳곳 벽화에는 베트남의 바닷가, 생활풍습, 삼각형 모자 '논라', 전통 의상

'아오자이', 베트남 국화, 자전거, 오리, 국기인 '금성홍기' 등의 상징을 그려 놓았다. 특히, 퀴논 시 바닷가의 생선을 파는 여인, 잡은 생선을 대나무 지게(꽝 가인)에 담아 옮기는 모습, 작은 배 노 젓는 사람 등 일상생활을 자세히 보여주고 있다.

도로 중간쯤에는 시계탑이 있다. 시계는 2시 20분 40초를 나타낸다. 2시는 용산과 퀴논의 두 도시를, 20분은 20년간의 우정을, 40초는 앞으로 40년의 미래를 함께 나아가자는 의미라고 한다.

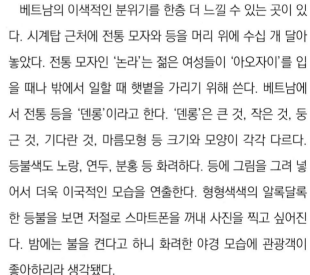

베트남의 이색적인 분위기를 한층 더 느낄 수 있는 곳이 있다. 시계탑 근처에 전통 모자와 등을 머리 위에 수십 개 달아 놓았다. 전통 모자인 '논라'는 젊은 여성들이 '아오자이'를 입을 때나 밖에서 일할 때 햇볕을 가리기 위해 쓴다. 베트남에서 전통 등을 '덴롱'이라고 한다. '덴롱'은 큰 것, 작은 것, 둥근 것, 기다란 것, 마름모형 등 크기와 모양이 각각 다르다. 등불색도 노랑, 연두, 분홍 등 화려하다. 등에 그림을 그려 넣어서 더욱 이국적인 모습을 연출한다. 형형색색의 알록달록한 등불을 보면 저절로 스마트폰을 꺼내 사진을 찍고 싶어진다. 밤에는 불을 켠다고 하니 화려한 야경 모습에 관광객이 좋아하리라 생각됐다.

퀴논 정원의 포토존에서는, 무료 와이파이를 제공하고 있어 걷다가 쉴 수 있다. 퀴논 정원 마스코트인 황금거북이는 베트남 퀴논 시의 '환검 설화'에서 착안한 아이디어 작품이다. '호수의 거북으로부터 받은 검을 이용해 외세를 물리친 후 승전을 알리기 위해 호수를 다시 찾았는데, 거북이 올라와 검을 물고 돌아갔다.'는 내용이다.

'베트남 퀴논 길'을 걷다 보니 자연스럽게 베트남이 이런 나라였구나, 하는 생각이 들었다.

이태원동에는 어떻게 퀴논 길이 만들어졌을까?

용산구와 퀴논 시의 인연은 베트남 전쟁에서부터 시작된다. 월남공화국 정부가 한국군 전투부대 파병을 요청하였다. 이때 베트남에 참전하게 된 맹호부대가 용산구에서 창설되었다.

1964년 10월 파병되어 한국군 전투부대 최초로 베트남 중부지역에 위치한 빈딩 성 퀴논 시에 주둔했다. 전쟁을 하면서 베트남인이 많이 희생되었고, 종전 후에 퀴논 시 주요지역에 '한국군 증오비' 건립과 같은 반한정서가 많이 생겼다.

전쟁에 희생된 이들에 대한 속죄의 생각을 해오던 베트남전 맹호부대 출신 참전용사들은 퀴논 시와의 관계를 개선해야 한다고 건의했다. 이를 계기로 1996년부터 퀴논 시와 교류를 하게 되었고, 그 다음해인 1997년 용산구와 퀴논 시가 자매결연협약을 맺었다.

교류가 시작되고 나서 퀴논 시 인근에 있던 한국군 '증오비'가 베트남 지역 최초로 '위령비'로 명칭이 변경되었다. 한편, 퀴논 시에도 국제무역지구의 중심가에 용산 거리를 500미터 규모로 조성했다. 이는 베트남 중앙정부의 승인을 받아 외국의 도시명 거리를 부여한 최초의 사례였다. 전쟁의 아픔을 치유하고 한국에 대한 부정적인 이미지를 바꾸는 우정의 관계가 시작되었다.

베트남 음식이 먹고 싶다면

이태원 퀴논 길에는 베트남 식당 여러 곳이 있다. 어떤 식당에 들어가면 제일 맛있고 베트남의 문화를 많이 담고 있을까 궁금해졌다. 평범한 건물에 있는 'VietNam(베트남)' 글씨를 발견했다. 2층에 '플러스 84' 베트남 식당이 있어서 올라가 보았다. 벽화와 장식품들을 보니 베트남에 여행 온 느낌이었다. 쌀국수, 분짜, 반미, 껌 스언, 본보후에 등 다양한 메뉴가 있다.

03
퀴논 길에서 만난 세계시민

플러스 84 식당
도안 티 타오 사장

플러스 84
서울특별시 용산구 보광로59길 56 2층
전　화 0507-1369-0838

도안 티 타오(Đoàn Thị Thảo) 씨는 베트남 꽝닝 하롱베이 지역에서 태어났다. 근로자 비자로 왔다가 한국이 살기 좋아서 다시 숙명여자대학교로 유학오게 되었다. 한국에 이주하고 싶은데 비자 연장은 쉽지 않았다. 그래서 국적을 취득하기 위해서 사회복지사 과정을 공부하고 시험을 통과하면서 귀화하게 되었다. 이후 회사에 다니다 고향에서 먹었던 맛이 그리워 베트남 식당에 가서 먹었지만, 그 맛을 느끼지 못했다. 한국에서 사는 베트남 사람들을 위해, 한국 사람들과 외국인들도 베트남의 현지에서 먹어 본 맛을 만들고 싶다고 생각했다. 그래서 아는 오빠가 운영하고 있던 식당을 인수하였다. 지금은 많이 사람들이 맛있다고 하니까 너무 행복하다고 했다.

한국 사람들과 아시안 사람들이 많이 찾는 메뉴는 쌀국수, 분짜, 분 팃 느엉 등이다. 반면 유럽 사람들은 껌 스언과 소고기 볶음밥을 많이 찾는다고 했다. 나도 기다리면서 쌀국수 먹었는데 육수도 진하고 면도 쫄깃쫄깃하니 베트남에서 먹었던 맛 그대로였다.

베트남 음식을 먹어 보고 집에서도 베트남 음식을 만들어 볼까 생각한다면 재료를 구매할 수 있는 곳이 있다.

04
길 따라 떠나는
베트남 흔적

이국적인 향과 맛의
포린푸드마트

이태원동에는 외국 식료품, 향신료, 공산품 등을 파는 마트가 있다. '베트남 퀴논 길'에서 가까운 곳에 있는 '포린푸드마트'다. '포린푸드마트'는 지하철 6호선 이태원역 3번 출구로 나와서 오른쪽 방향으로 251미터 걸어가면 찾을 수 있다.

'퀴논 길' 탐방을 마친 후 '포린푸드마트'를 찾아갔다. '퀴논 길' 시작 지점에서 걸어서 5분도 채 안 걸리는 거리다. '퀴논 길'을 걸어 다니느라 조금 지쳤는데 가까운 곳에 있어서 무척 반가웠다. 간판 글씨는 멀리서도 알아볼 수 있도록 큼직했다.

마트 안으로 들어갔다. 이국적인 향이 코를 자극했다. 진열대가 세로로 또 가로로도 있는 큰 규모였다. 낯선 물건들이 빼곡했다. 마트 안에는 동남아시아 사람, 히잡을 쓴 사람, 백인 등 외국인 손님이 많았다. 외국에 온 것 같은 생각이 들었다. 들리는 말도 외국어뿐이었다. 상품의 표기는 영어나 어느 나라 언어인지 모를 외국어로 표기되어 있었다.

진열대에는 처음 보는 수입 과자들, 수십 가지의 치즈가 빼곡했다. 여러 종류의 소스와 향신료가 벽 쪽 진열대에 가득했다. 양고기, 소고기 등 정육 코너와 민트, 고수, 바질, 로즈마리 등 신선한

포린푸드마트
서울특별시 용산구 우사단로 36
전   화 02)797-0052

채소 코너도 있다. 각종 차와 커피 등 기호품도 많았다. 주방 조리기구, 생활용품 등 공산품도 있어 한 곳에서 편리하게 쇼핑할 수 있다. '포린푸드마트'에는 미국, 유럽, 아시아 등지에서 수입해 온 세계 각지의 물건들도 다양했다.

마트 안에는 물건을 찾는 사람, 물건을 손에 들고 비교하는 사람, 고른 물건을 카트에 넣어 끌고 다니는 사람들로 혼잡했다. 외국인 직원이 오고 가며 물건을 진열하고, 잔고를 파악하며, 빈 곳은 더 채워 넣기도 했다. 마트 입구에 있는 계산대에도 외국인이 앉아 있다. 영어와 서툰 한국어를 섞어 쓰며 바코드를 찍었다. 진열대의 물건은 외국어로 표기되어 있으나 뒷면에 한국말로 설명된 작은 스티커를 붙여 놓아 우리나라 사람들이 쇼핑하는 데 불편하지 않다.

마트를 몇 바퀴 돌다 보니 낯익은 상품이 보였다. G7 베트남 인스턴트커피다. 커피향이 좋아서 한국 여행객들이 많이 사간다고 들었다. 베트남 상품을 보니 반가웠다. 더 찾아보았다. 베트남 쌀국수, 캐슈너트, 과자, 소스 등이 진열되어 있다. 망고, 코코넛, 두리안, 용안, 드래곤프루트 등 과일 종류도 많았다. 고기, 말린 채소, 말린 과일 외에도 샴푸, 로션도 있었다. 우리나라에 사는 베트남 사람들이 고향 음식을 먹고 싶을 때 이곳에 오면 되겠구나 하는 생각이 들었다. 외국에서 향수병이 생기면 본국의 고향음식을 만들어 먹으며 새롭게 힘을 냈다는 친구 얘기가 생각났다.

나는 G7 베트남 커피와 독일의 다크 초콜릿을 샀다. 구경만 해도 외국에 다녀온 듯한 기분이 드는 장소다.

베트남 호이안의 맛,
반미프엉

지하철 2호선 홍대입구역 3번 출구에서 경의선 숲길을 따라 15분 정도 걷다 보면 연남동에 베트남 음식점 '반미프엉'이 보인다. 벽에 노란 페이트칠을 한 단독주택 건물이다.

반미프엉
서울특별시 마포구 성미산로29길 20
전 화 02)3144-1898

음식점 이름인 '반미프엉'에서 '반미'는 바게트로 만든 베트남식 샌드위치를, '프엉'은 사람 이름이라고 한다.

연남동 '반미프엉'은 3층 건물로, 1층은 음식점으로 사용하지 않고, 2층과 3층을 사용한다. 2층과 3층은 실내 좌석 외에도 야외로 연결된 테라스가 있다. 테라스에도 테이블을 놓아서 경치를 보면서 식사를 할 수 있도록 했다.

내가 어렸을 적에는 주변에 중국집이 많았다. 성인이 된 지금 시내를 걷다 보면 중국집보다 베트남 쌀국수집이 더 많이 눈에 띤다. 그런데 가까운 곳에 있는 쌀국수집을 놔두고 굳이 연남동까지 온 이유는 뭘까? 그 이유는 분명하다. 이곳은 3층 주택이라서 베트남 주택과 같은 규모다. 건물을 온통 노란색 페인트로 칠해서 베트남풍의 건물이라는 느낌이 확 든다.

베트남 호이안에 한 개의 매장만을 운영하고 있는 '반미프엉'은 '반미'로 세계에서 유명한 음식점이라고 한다. 서울 마포구 연남동의 '반미프엉'은 2019년 5월에 문을 열었다. 베트남 호이안의 '반미프엉'에 이어 해외 첫 번째 매장이라고 했다.

베트남 호이안의 '반미프엉' 분위기를 옮겨 놓기 위해 인테리어, 소품 등을 베트남에서 직접 가져왔다고 한다. 호이안의 문화를 느낄 수 있도록 바닥과 천정, 벽화 등을 꾸몄다. 인테리어로 삼각형 전통 모자 '논라', 오래된 호롱등불, 옛날 주전자, 전통 등 '덴롱', 오래된 책 등을 곳곳에 장식했다. 카운터와 내벽 곳곳에는 베트남 국화인 연꽃문양을 패턴으로 디자인하여 장식했다. '퀴논 길' 조명 기둥에서 본 것과 같은 디자인이다. 벽화로는 베트남 거리나 풍경을 그려 넣었다.

1층 출입구 옆과 3층 테라스에 베트남의 '시클로'가 놓여 있다. '시클로'는 우리나라의 인력거와 비슷하다. '시클로'에는 자전거 왼쪽 앞바퀴 쪽으로 손님이 앉는 좌석이 있다. 세발자전거와 반대 구조다. 손님이 앉는 좌석은 햇볕과 비를 피할 수 있게 차양막을 설치했다. 주로 관광객이 타는 베트남 문화의 상징이다.

주문은 2층 카운터에서 하면 된다. 종업원은 베트남인데 우리말을 아주 잘했다. 주문한 음식을 가져다주면서 '식사를 마친 후에 2층에 있는 카운터로 빈 그릇을 가져다 달라.'고 했다. 우리나라 식당에서는 손님이 밥을 먹은 후 빈 그릇 정리는 종업원이 한다. 빈 그릇을 들고 와 반납하라니… 이건 뭐지? 베트남식인가, 약간 당황스러웠다.

우리나라 사람도 손님으로 있지만 베트남 사람들이 더 많이 온다고 했다. 내가 갔을 때에도 베트남 유학생으로 보이는 젊은이 세 명이 들어왔다. 그들은 음식을 기다리는 사이에 인테리어를 배경으로 사진을 찍었다. 베트남 고향에 온 듯 무척 즐거운 표정들이었다. 베트남에 갈 수 없으니 향수를 달래기 위해 오는구나, 하는 생각이 들었다.

연남동의 '반미'는 호이안의 맛을 그대로 내기 위해 소스를 비롯해 각종 식자재를 수입해 사용한다고 했다. 바게트 종류인 반미는 직접 만들어 사용한다고 했다.

'반미'는 바게트를 반으로 가른 빵 안에 고기와 채소를 듬뿍 넣어 만든다. 겉은 바삭바삭하면서도 속은 촉촉한 바게트와 육즙이 가득한 고기, 신선한 채소가 어우러지는 맛이 특징이다.

대표 메뉴로 모듬 반미, 비프에그 반미, 치킨앤치즈 반미, 바비큐 반미가 있다. 반미 외에 양지 쌀국수와 분짜도 맛볼 수 있다

서울 속에서 베트남의 문화를 체험하고, 베트남의 맛을 볼 수 있는 뜻깊은 날이었다.

태극기와
금성홍기가
나란히 나란히

한국과 베트남은 강대국의 끊임없는 침입이 있었고, 식민지 지배와 분단의 역사라는 공통점이 있다. 베트남인의 국민성은 근면, 성실하며 친절하고 외세에 굴복하지 않는 용기를 지녔다. 삶의 가치는 효를 중요시하고 가족에 헌신하며, 교육열이 높다. 좋은 평판을 받는 것을 중요하게 생각하고, 연장자나 좋은 일을 한 사람을 존경한다. 우리나라와 역사적으로나 정서적으로 비슷한 점이 많다.

베트남은 현재 한류 열풍이 뜨거운 나라다. K-pop은 전국적으로 동호회가 여럿 운영 중이다. 드라마는 유튜브, 영화 공유 사이트 등을 통해 한국 드라마를 거의 실시간 시청한다. 한국 영화도 큰 인기를 끌고 있으며, CGV와 롯데시네마가 베트남 영화관의 과반수 이상을 차지한다. 화장품과 패션도 인기가 있고, 스포츠도 한국인이 국가축구팀을 이끌며 감격의 우승을 여러 번 했다.

베트남은 아세안 국가 중 한국 사람이 가장 많이 방문하는 국가다. 우리나라도 베트남 관광객을 유치하기 위해 현지 여행사를 방문하여 설명회를 개최하고 베트남어 홍보책자도 만들었다. 우리나라와 베트남은 문화교류를 위해 홍보관을 만들고 민속공연을 정기적으로 하고 있다.

베트남의 실명인구 중 70%가 백내장 질환이다. 그러나 베트남 내 의료여건이 좋지 않은 게 현실이다. 순천향대학교 서울병원, 아모레퍼시픽, 우정라이온스클럽 등에서는 퀴논 시에 백내장치료센터를 만들었다. 이곳에서 백내장치료 의술을 전수하고, 의료장비도 지원했다. 매년 의료봉사와 의약품을 지원하며 백내장 환자를 돕는다.

퀴논 시는 저소득 가정에게 안전하고 따뜻한 보금자리 주택을 만들어주었다. 또한 무주택 라이따이한 가정의 아이들을 위한 유아교육시설인 '프억미 유치원'을 건립하여 건강하게 성장하도록 지원한다. 거기에 베트남 퀴논 시의 우수인재를 발굴하여 숙명여자대학교에 유학 보내는 것도 돕고 있다. 이때 장학금, 기숙사비, 생활비 등을 지원한다.

한국 정부기관은 베트남에 한국학 및 한국어 교육을 호찌민 총영사관과 한국국제교류재단, 한국국제협력단, 세종학당, 한국교육원, 한국문화원 등을 통해 지원하고 있다. 그뿐만 아니라 삼성, LG, 롯데, 등 많은 한국 기업에서도 한국어 교실을 운영한다. 그래서일까? 베트남 내 대학에서 한국어가 제1 외국어로 선정될 만큼 인기가 있다. 올해는 양국 수교 30주년을 기념하여 베트남에 한국학 석사과정도 개설됐다. 단순히 한국어를 하는 수준을 넘어 한국어 교육과 연구가 활발히 이루어지고 있는 것이다.

베트남에는 젊고 유능한 인재가 많다. 앞으로도 과거 전쟁의 아픈 역사를 치유하고 번영과 우정의 길을 나란히 걸었으면 한다.

PART 2

현장에서 만나는
세계시민교육

동아시아

중국·대만 출신 강사와 함께 떠나는
차이나타운

인천 개항장에서 만난
일본

동아시아

중국·대만 출신 강사와 함께 떠나는 차이나타운

'차이나타운' 하면 중국을 먼저 떠올리지만 대만을 빼고는 생각할 수 없다. 한국에서 나고 자란 한 화교는 인터뷰에서 "대만에서는 우리를 한국 사람이라고 하고, 중국에서는 우리를 외국인이라고 하는데, 대한민국만 우리를 중국인으로 취급한다."며 3개국에서 바라보는 그들의 법적 지위가 모호하다고 말한다.

많은 사람들이 차이나타운을 중국인들이 만든 마을이라 생각하기에 중국과 대만을 구분지어 소개하고자 한다. 이에 취재단도 중국 출신과 대만 출신 세계시민 강사가 함께 참여했다.

취재진 소개

서울시 시민기자로 활동하면서 문화다양성에 관심을 갖고 지역사회 봉사활동을 하고 있는 김흥선, 청년들을 대상으로 취업 멘토링을 하고 있는 노상균, 세계시민 교육 강사로 활동하고 있는 중국 출신 김해연, 대만 출신 왕취봉

135

01
**중국과 대만
이해하기**

중국, 얼마나 알고 있나?

중국의 정식명칭은 중화인민공화국이고, 중국은 약칭이다. 수도는 베이징으로 서울에서 비행기로 2시간 소요된다. 인구는 14억 4,847만 명으로 세계에서 가장 많은 나라이며, 세계에서 4번째로 땅이 넓다.

중국의 영토는 동쪽의 헤이룽장성(黑龍江)과 우쑤리강(烏蘇里江)의 합류점으로부터 서쪽의 파미르(帕米爾) 고원까지로 동서 거리가 약 5,200㎞이다. 이는 서울, 부산 거리의 13배다. 동서 거리차로 인해 4시간의 시차가 있다. 하지만 중국은 베이징 시간을 기준으로 하고 있다. 한편, 북쪽의 헤이룽장성 모허(漠河) 이북에서부터 남쪽의 난사 군도(南沙群島)의 증모 암초(曾母暗沙)까지의 남북 거리는 약 5,500㎞에 달한다.

땅이 넓은 중국은 남북 기온차가 크다. 가장 북쪽 지역은 겨울 최저 기온이 영하 52.3도인 반면, 가장 남쪽 지역 최고 기온은 영상 42도로 겨울 1월 평균 기온이 영상 18~26도다. 지역마다 기후가 달라 의식주가 극히 다른 문화가 형성되었다. 심지어 14개 나라와 접해 있어, 이웃나라와 같은 문화를 가진 민족들도 있다.

56개 민족으로 구성된 중국은 다민족 국가로 한족(漢族)이 약 12억 5천만 명으로 중국 전체 인구의 약 89%를 차지한다. 한족을 제외한 55개 소수 민족은 약 1억 1,700만 명으로 중국 전체 인구의 약 11%를 차지한다. 소수 민족은 서로 다른 의식주로 문화와 언어를 유지하며 생활하고 있다.

중국의 의식주

의(衣)

비누 포장지에 그려진
치파오를 입은 여성

한국의 전통 복식으로 한복이 있다면 중국에는 치파오가 있다. 폭이 넉넉한 한복과 달리 치파오는 몸매가 드러나게 타이트하고 옆트임 있는 것이 특징이다. 그러나 치파오는 중국 인구의 89%를 차지하는 한족의 복식이 아니라 만주족의 전통 복식이다. 청나라 때 중국은 만주족의 지배를 받았다. 그때부터 치파오는 중국의 전통 복식이 되었다. 그 전에는 한족의 한푸(汉服)가 전통 복식이었다. 만주족 사람을 중국어로 치런(旗人)이라고 하고, 만주족이 입는 옷은 창파오(长袍)라고 한다. 즉 '치런(旗人)이 입는 창파오(长袍)'를 합쳐 '치파오(旗袍, 만주족의 옷)'가 된 것이다.

청나라 때의 치파오는 현대의 치파오와 차이가 있다. 만주족은 기마민족이어서 말타기와 활쏘기에 능했다. 때문에 움직일 수 있게 편안하게 옆트임을 넣었다. 당시 치파오는 신분의 상징이어서 귀족들만 입을 수 있고 일반인은 입을 수 없었다. 20세기 들어 청나라의 권력이 약해지면서 일반인들도 치파오를 입을 수 있게 되었고 널리 퍼졌다. 1911년 신해혁명 이후 치파오는 서양문화의 영향을 받아 소매와 길이가 짧아졌다. 1920년대 말에는 치파오 길이가 땅에 닿을 정도로 길어지면서 옆트임이 허벅지까지 올라왔고, 허리 부분이 타이트해지기 시작했다. 1940년대에 치파오의 소매와 길이가 다시 짧아지고 옷이 몸에 닿도록 변해 오늘날의 치파오의 형태를 갖추기 시작했다.

1960년대 문화대혁명 때에는 전통 문화를 탄압했다. 이때 치파오가 잠시 쇠퇴되었다가 대만, 홍콩, 화교들을 중심으로 다양한 디자인이 생겼고 다시 전파되기 시작했다. 치파오는 정통과 서구 스타일이 융합된 의상이라고 할 수 있다. 중국인은 설날, 축제, 결혼식 그리고 특별한 날에 치파오를 차려입는다. 현대에는 입기 편하게 개량을 많이 하여 더욱 고급스럽고 화려해졌다.

식(食)

중국에는 "평생을 먹어도 죽을 때까지 중국의 모든 맛있는 음식을 맛볼 수 없다."라는 말이 있다. 중국은 땅이 넓어 지역마다 기후, 풍토가 다르고 오랜 역사, 경제, 지리, 사회, 문화 등의 영향으로 지역별로 다양하고 특색 있는 요리가 발달해 그 종류를 헤아리기 힘들다. 일반적으로 황허강(黄河) 유역의 산둥(山东) 요리, 창강(长江) 하류 지역의 장쑤(江苏) 요리, 창강 상류 지역의 쓰촨(四川) 요리, 남부 연안의 광둥(广东) 요리를 '중국 4대 요리'라고 한다.

베이징 오리구이

산둥 지역은 산, 바다, 강, 호수, 평원과 모두 접하고 있어 풍부한 식재료를 얻을 수 있다. 산둥 요리는 베이징을 비롯한 북방 요리를 대표로 하며, 중국 각 지역 요리의 장점들을 모아서 발달시켰고 청나라 때부터 특색을 갖추기 시작했다. 산둥 요리는 아주 푸짐하게 차려지는데, 이는 북방인의 솔직하고 담백함을 나타낸다. 산둥 요리는 튀기거나 볶는 요리가 발달했고, 향기가 좋고 간이 짠 편이고 채색이 선명한 것이 특징이다. 산둥 요리의 대표 요리는 '베이징 오리구이'다. 3백 년의 역사를 가지고 있고 화덕에서 오랜 시간 구워 겉이 바삭하고 속이 부드러우며 맛이 향기롭다. 산둥의 특제 춘장소스를 찍고 얇은 전병에 싸서 먹으면 별미다. 불포화지방산이 많아 피부미용에 좋다고 하여 서태후가 즐겨 먹었다고 한다. 외국인이 중국 가면 꼭 먹어보고 싶은 음식 1위로 꼽는다. 공자의 후손 '공민'이 오리고기 조리법을 연구하다가 어느 날 향이 다 탈 때까지 익혔더니 너무 맛있어서 신선이 먹을 법한 맛 같다고 하여 '신선오리'라고도 불렀다. 그리고 한국의 화교는 대부분 산둥 출신이라 한국의 짜장면도 산둥 요리다.

창강(长江) 하류에 위치한 장쑤는 '어미지향(鱼米之乡)'이라고 불리는 '물고기와 쌀의 고향'이다. 대도시 상하이 요리도 장쑤 요리에 속한다. 장쑤의 물고기, 상하이의 육류 등 풍부한 식재료를 사용하고 술, 간장, 흑초를 넣어 달달한 맛을 내는 것이 특징이다. 특제 흑초를 사용해서 다른 지역 요리보다 달콤하고 맵지 않다. 한국 사람이 좋아하는 샤오룽바오, 샤오룽샤 모두 장쑤 요리다.

샤오룽바오

맵고 얼얼한(麻辣) 맛은 쓰촨 요리의 기본이고, 뜨겁고 깊고 짙은 맛은 쓰촨 전통 요리의 특징이다. 한국에서 가장 잘 알려져 있고 한국인이 가장 좋아하는 중국요리이기도 하다. 강한 향신료 향이 나므로 호불호가 갈리는 음식이기도 하다. 쓰촨 지역은 지형적으로 분지고 여름에 더위가 심하고 습한 기간이 길다. 그래서 땀을 흘리는 매운 향신료로 몸의 노폐물을 빼서 건강을 유지하는 습관이 있다. 음식이 잘 상하여 파, 마늘, 고추 등 향신료를 많이 넣어 음식의 부패를 막기도 한다. 그리고 소금절임 음식, 건조시킨 음식, 장(酱)류 음식이 많은 게 특징이다. 쓰촨 요리는 쓰촨인들의 가정식에서 발전되었는데 그 중 가장 유명한 것이 바로 쓰촨훠궈다. 요즘 한국에 인기 있는 마라탕, 탄탄면, 마파두부 모두 쓰촨 요리다. 더운 날에 쓰촨 요리

쓰촨훠궈

를 먹고 땀을 쫙 빼면 스트레스가 풀릴 뿐만 아니라 몸이 가벼워지는 느낌이 든다. 그럼 한국 음식과 쓰촨 음식 중 어떤 음식이 더 매울까? 이건 비교할 수가 없다. 한국은 고추가 들어가 자극적인 매운맛이지만 쓰촨 요리는 '화자오(花椒)'가 들어가 혀가 얼얼해지는 매운맛이어서 기준이 다르다.

광둥 요리는 중국 남부 연해지역 음식문화를 대표한다. 광둥인은 먹는 걸로 유명하고 더운 지역이라 보양식을 많이 먹는다. 광둥 요리는 세계적으로 가장 인지도가 높다. 왜냐하면 전 세계 화교 중 약 60%가 광둥 출신이고 세계 각지 중국 음식점은 대부분 광둥 요리 전문점이다. 이 부분에서 한국은 예외이긴 하다. 광둥 지역은 아열대 기후라 비가 많이 오고 바다를 접하고 있어 풍부한 재료를 갖추고 있다. 그래서 '광둥 요리'하면 '다리 네 개가 달린 것은 테이블 빼고 다 먹고, 날아다니는 것은 비행기 빼고 다 먹는다'는 말까지 있다. 광둥 요리는 간을 싱겁게 하고 기름도 적게 써 맑고 신선하고 부드럽고 편안하고 향기로운 맛이 특징이다. 대표 요리로는 '거위구이(烧鹅)' 그리고 보석으로 꼽히는 '딤섬'도 광둥 요리이다.

딤섬

중국에는 맞벌이 부부가 많기 때문에 아침밥을 길거리에서 간단하게 사먹는 경우가 많다. 아침으로 즐겨먹는 것은 요우티아오(油条)과 더우지앙(豆浆)이다.

천자(天子)를 위한 최고의 요리상 – 만한전석(满汉全席)

'중국 황제의 식사'하면 만한전석이 떠오른다. 옛날에 황제의 음식을 준비하는 곳을 어선방(御膳房)이라고 한다. 어선방을 관리하는 사람과 주방에서 일하는 사람은 약 370명 정도이지만 연회가 개최될 때 동원되는 인원은 무려 600명 정도이다. 규모가 크다 보니 음식을 준비하는 기관은 세분화되었다.

육류를 담당하는 곳은 훈국(葷局), 야채 요리는 소국(素局), 화로를 전문적으로 담당하는 곳은 과로국(挂炉局), 간식을 담당하는 점심국(点心局), 주식인 밥을 담당하는 곳은 반국(饭局)이다.

청나라 4대 황제인 강희제(康熙帝)는 지배 민족인 만주족과 피지배 민족인 한족의 통합과 화해를 이뤄낸 인물이다. 만주족과 한족은 조상신이 달라 음식을 나눠먹는 것을 불경으로 여겼다. 하지만 강희제는 만주족의 연회를 뜻하는 만석(满席)과 한족의 연회를 뜻하는 한석(汉席)을 두루 갖춘 연회상을 차리도록 했다. 요리방법, 맛과 향, 건강, 색상의 4가지 기준을 모두 적용한 108가지 음식을 선정해 차린 연회는 3~4일간이나 지속되고 차례로 음식들이 나왔다. 이것이 바로 만한전석이다. 청 왕조가 268년이나 지속된 것 또한 만한전석의 융합 때문이 아닐까 싶다. 청나라가 망하면서 궁중요리사들이 사방으로 흩어져 요리의 전통이 끊어졌기 때문이다. 하지만 1925년에 궁중요리사 몇 명이 청나라 궁중요리 전문점을 베이징에 열었다. 이곳은 2011년에 궁중요리로 국가무형문화재에 등재되었다. 예전의 만한전석은 아니지만 중국 대표 궁중요리를 맛볼 수 있는 곳이다.

주(住)   중국은 땅이 넓은 만큼 지역마다 다른 기후 특성을 갖고 있고 다양한 소수민족이 살고 있어서 각기 다른 주거형태를 가지고 있다. 중국의 대표적인 주거 형식은 전체 인구의 약 89%를 차지하는 민족인 한족의 주거인 '사합원'이다. 북방 지형에 적합한 사합원은 중국의 전통 사극에서 많이 볼 수 있어 베이징을 대표하는 가옥이기도 하다. 사합원은 동서남북의 네 개의 방이 정원을 가운데 두고 둘러싸고 있는 형태다. 얼핏 봤을 때 우리나라의 기와를 사용한 한옥과 비슷해 보이지만 확연히 다르다. 중국은 오랜 침략전쟁의 역사적 배경과 환경의 영향을 받았고, 사합원은 높은 담을 둘러쌓아 방어를 위해 지어진 건물이다. 북부지역은 기온이 낮아 최대한 많은 빛을 받을 수 있도록 정원을 크게 만들었던 반면, 남부지역의 사합원은 기온이 높아 그늘을 확보하기 위해 정원을 작게 만들었다.

토루

사합원의 기본 형태를 따르면서 남부지역의 기후환경에 맞는 독특한 주거 형식이 바로 하카인(客家人)의 주거인 토루(土楼)다.

남부지역의 대표적인 가옥인 토루는 햇빛을 피하기 위해 벽을 높이 쌓아 내부에 최소의 햇빛이 들어오도록 했다. 북방에서 살다가 정치적인 이유로 남부로 내려와 자리 잡은 한족들이 하카인이다. 따라서 한 개의 토루 안에는 같은 성씨를 가진 친족이나 혈족 중심으로 생활했다. 타민족의 공격을 방어하기 위해 만들어진 특이한 집합주택이고 일반적으로 1백 여 개의 방이 있고 30~40 가구가 지낼 수 있었다. 현대사회의 아파트의 시초라 불러도 무방하다. 현존하는 가장 오래된 토루는 700년 된 위창로우(裕昌楼)다. 5층으로 된 위창로우에는 신기한 부분이 있다. 바로 3층과 5층 기둥이 침식과 지진으로 인해 기울어져 있는데도 무너지지 않고 700년 넘게 지금도 사람들이 살고 있다는 것이다. 토루가 세상에 알려지게 된 계기는 조금 재미있다. 1980년대에 미정보국 CIA가 중국 토루를 대형미사일 기지로 착각하여 조사하게 되면서 세상에 알려졌다고 한다. 토루는 2008년에 유네스코 세계문화유산으로 지정되었다.

만리장성

지구상에 존재하는 최대 규모의 유적 - 만리장성

중국 북쪽의 흉노족이 사는 땅은 농사짓기에 척박했다. 그래서 추수 때마다 흉노족은 진나라로 쳐들어와 곡식을 약탈했다. 흉노족이나 몽골족과 같은 북방 유목민족의 침략을 막기 위해 기존 7개국의 성벽을 보수해서 기다란 성벽을 건설했고 그 뒤로 여러 시대 걸쳐 보수, 증축, 신축하여 만리장성이 만들어졌다. 만리장성 주요 부분의 길이는 2,700km이고, 지형의 높낮이 등 여러 요소를 고려했을 때 실제의 길이는 6,352km에 이른다. 중국 각지에 흩어져 있는 장성을 모두 합치면 무려 12,000㎞ 달한다고 한다.

오늘날 남아 있는 성벽은 대부분 15세기 이후 명나라 때 세운 것이다. 2천 년 이상의 긴 세월을 거쳐 완성된 만리장성은 인류의 최대 토목공사라 할 수 있다. 1987년에 유네스코 세계문화유산으로 지정되었고, 2007년에는 세계 7대 불가사의 중의 하나로 선정되었다.

중국 최초의 황제 - 진시황

진시황 동상

진시황은 춘추전국시대를 끝내고 여섯 나라를 무너뜨리고 17년 만에 천하를 진나라로 통일한 중국 최초의 황제다. 그는 주나라의 봉건제를 군현제로 바꿨다. 땅을 군과 현으로 작게 나누고 직접 관리를 보내 다스리게 했다. 옛날에는 물건을 재는 도구가 지역마다 달랐다. 도(度)는 길이를 재는 자, 량(量)은 곡식을 재는 되, 형(衡)은 무게를 재는 추가 있었다. 도량형이 지역마다 달라서 장사할 때마다 힘들었는데 진시황은 이것들을 하나로 통일했다. 통일 이전에는 연나라, 제나라, 위나라, 초나라, 한나라에서 사용했던 화폐가 지역마다 모양이 달랐고, 서체도 달라 서로 교류하는 데 효율성이 많이 떨어졌다. 진시황은 천하의 화폐를 '반량전'이라는 동전으로 통일했고, 서체를 '소전체'로 통일시키는 정책을 실시했다. 그리고 진시황은 대규모 토목공사를 수차례 벌였다. 아방궁과 여산릉을 건설하여 자신의 권위를 강화했고, 운하를 파서 교역과 물품의 운송을 수로로 하기도 했다.

많은 인력을 만리장성 건설에 투여했고 말년에 진시황릉(병마용) 건설까지 하여 수십만 명의 인력을 동원해 국력을 낭비했다. 게다가 과도한 세금 징수로 민심이 거칠어지고 농민 반란도 일어났다.

진나라의 통치 이념이었던 법가 사상을 중국 전역의 통치 이념으로 내세웠고 지나치게 엄격한 법률 때문에 6개국의 백성들이 엄청난 고통을 겪었다. 이런 점들이 진나라 멸망의 원인이 되었다. 진시황 말년의 폭정으로 국력을 약화시켰지만 최초로 중국 전역(7개국)을 통일한 업적은 후세에 큰 영향을 미쳤다.

그렇다면, 대만은 어떤 나라일까?

포루투갈어로 '아름다운 섬'이란 뜻을 가진 대만은 동아시아에 위치한 사면이 바다인 섬나라다. 하지만 위산(玉山)이라는 백두산(2,750m)보다 훨씬 높은 산(3,952m)을 갖고 있다. 면적은 35,980㎢로 굳이 비교하자면 한국의 경상도와 비슷하다. 대만의 표준시간은 중국 베이징(北京)과 동일하게, 서울보다 1시간이 늦다.

대만은 복잡한 민족 구성원인 사회로 다 같이 더불어 살고 있다. 현재 인구는 약 2,356만 명으로, 인구의 2%는 대만에 살고 있던 원주민들이며, 나머지 98%는 중국의 한족이다. 한족 중 약 70%는 중국 복건성(福建省) 출신 민난(閩南)인으로 비교적 이른 시기에 대만으로 이주했다. 그 다음으로 많은 이주민 14%는 한족의 후손인 하카인(客家人)이다. 나머지 14%는 1945년 제2차 세계대전에 국민당 정부의 패주 이후 비교적 근·현대에 이주해 온 중국인(外城人)이다.

대만은 언어 사용이 복잡한 사회다. 푸젠성(福健省)에서 이주해온 민난인이 사용하는 민난어, 오스트로네시아어족에 속한 원주민 원어도 존재한다. 특히 원주민이 사용하는 원어는 주로 구어(口語)만 존재한다. 98% 중 14%에 인구를 차지한 하카인이 사용한 하카어도 있다. 하지만 98%가 한족인 만큼 대만에서 쓰는 공용어는 중화민국어 또는 국어. 영어로는 Taiwanese Mandarin이라고 한다. 중국의 '보통화'와 악센트, 일부 한자 및 단어의 성조, 어휘 면에서 약간의 차이가 있을 뿐 큰 차이는 없다.

현재 많은 대만 사람들이 대만의 고유언어에 대한 관심이 뜨겁다. 중국어 말고 민난어를 사용하려는 움직임이 일어나고 있는 것이다. 2018년 위축된 모국어를 복구하는 것을 목표로 '국가언어개발법'을 통과시켜 모든 초·중·고등학교 교과과정의 필수 과목으로 토착 언어를 가르치도록 명시했다. 대만 인디록 밴드가 제작한 민난어 노래 뮤직비디오는 9개월 만에 3,400만 뷰를 돌파하고, 민난어로 대사한 멜로드라마는 지난해 대만 박스오피스 1위를 차지할 만큼 민난어도 점점 대중화되어가고 있는 게 현실이다.

대만의 음식 의식주

의(衣)

대만 인구의 대부분을 차지하는 한족, 따라서 격식 있는 자리나 결혼식장에서 치파오를 입은 모습을 자주 볼 수 있다.

그러나 원주민 전통 의상은 따로 있다. 16개 부족이 저마다의 전통 의상을 자랑하는데 그중 '아미족'의 전통 의상이 가장 화려하다. 그에 반해 '태아족'은 짐승의 이빨이나 조가비, 유리구슬 등 다양한 장신구로 눈길을 끌기도 한다.

식(食)

대만에는 지형과 기후로 인해 풍부한 식재료가 넘쳐난다. 대만의 지형은 산이 많고, 전체 면적의 64%가 산지이다. 대만의 기후는 온난 습윤하며, 섬 전체 연평균 기온은 23도로 따뜻하다. 여름은 5월에서 9월로 길고, 평균 기온이 28도 정도다. 겨울은 12월에서 2월로 짧고, 평균 기온은 10도로 매우 따뜻하다. 온난하고 다습한 기후 덕분에 열대 과일을 1년 내내 맛볼 수 있다. 대표적인 과일로는 바나나, 파인애플, 망고 등이 있다.

음식 값은 한국보다 훨씬 싸다. 습하고 더운 기후의 특성에 기름을 많이 사용하는 조리법 때문에 실내에서 조리하기가 어려워 외식 문화가 발달되어 있다. 대부분 식사를 밖에서 해결하다 보니 주택가에 들어서면 한 블록 너머 브런치 카페와 만두집을 흔히 볼 수 있다. 한국의 '김밥천국'과 같은 역할을 하고 있다. 그리고 대만의 우여곡절(네덜란드, 청나라 통치, 일본 식민지, 중국

취두부

우육면

밀크 티

국민당 이주 시기)이 있는 역사적인 배경으로 인해 다양한 지역과 출신에서 비롯된 다양한 음식들을 맛볼 수 있다. 중국음식은 기본이고 일본, 스페인, 네덜란드 등 통치를 받았던 덕에 세계 음식들이 다양하게 발전되어 있다.

대만에서 꼭 먹어 봐야 할 대표 음식으로는 우육면, 취두부, 밀크 티 등이 있다. 대만의 국민 먹거리 중 하나인 우육면은 거의 갈비찜 수준으로 고기가 잔뜩 들어가 있으며, 현지 시장에서 한화로 4,000원, 제법 이름 있는 식당에서 파는 것도 6,000~7,000원 안팎이다. 취두부는 고약한 냄새로 유명한 음식이다. 대만은 더운 날씨 때문에 저녁 야시장 문화가 발달되어 있다. 취두부는 이 야시장에서 절대 빠질 수 없는 음식이다. 두부를 절여 발효시키는 과정에서 독특한 향을 뿜어내기 때문에 취두부라고 불린다. 그 독특한 풍미에 기름에 튀기거나 조리하는 과정을 거치면 특색 있는 먹거리가 된다. 여기에 새콤달콤하면서도 맵지 않은 대만식 양배추 김치를 곁들이면 느끼한 맛을 잡아줘 더욱 일품인 요리로 완성된다. 버블 밀크 티 또한 대만을 대표하는 음료 중 하나다. 한국 음식점에 가면 물은 항상 무료로 제공되지만, 대만 음식점에 가면 물이 유료인 반면 재스민

차와 우롱차는 무료다. 대만에서는 커피보다 차 문화가 더 발달되어 있기 때문이다.

주(住)   대만의 주거형태를 말 한마디로 표현하면 바로 '반전'이라고 말할 수 있다. 많은 사람들은 대만에 도착해서 주택들을 보면 바로 '못 사는 나라'라고 생각한다. 왜냐하면 청소하지 않은 듯 보이는 오래된 건물과 녹이 슨 쇠창살이 눈에 확 들어오기 때문이다. 대만의 지리적 위치와 기후 영향을 무시할 수 없을 것이다. 또한 외관을 중요시하지 않은 대만 사람들의 성향이라고도 볼 수 있다. 그런데 집 안으로 들어가면 매력에 푹 빠진다.

대만의 오래된 아파트

대만에서는 집을 사면 선물 박스 마냥 텅 비어 있다. 전체 인테리어는 집주인의 몫이다. 이에 집집마다 집주인의 취향이 고스란히 나타난다. 같은 아파트에 살지만, 전혀 다른 인테리어! 그래서 대만에서는 친구 집에 놀러 가는 재미가 쏠쏠하다.

참고로 대만은 여러 나라의 식민지 지배를 당한 아픈 역사가 있다. 여전히 그 역사들이 실존하지만 이제는 대만의 문화가 되어 있다. 대만의 남쪽으로 가면 이색적인 네덜란드식 건축 양식의 형형색색 다닥다닥 붙어 있는 주거 양식들을 만나볼 수 있다. 그리고 북쪽으로 가면 영국식, 프랑스식 인테리어가 된 아파트 내부 모습도 종종 볼 수 있다.

신베이시 지우펀 마을

02
차이나타운 소개
역사로 만나는
차이나타운

대한민국에서 가장 오랫 동안 거주하고, 식민통치와 한국전쟁까지 함께 겪고 이겨내 온 해외이주민이 있다. 바로 중국 화교이다. 그들은 왜 자기가 살고 있는 중국 땅을 등지고 대한민국을 새로운 터전으로 선택하게 되었을까?

130년 전 중국 산둥 지역에는 작은 홍수와 가뭄의 자연재해뿐만 아니라 오랜 시간 전란(戰亂)과 내전 등 정치적 혼란이 끊이지 않았다. 산둥 사람들은 재난과 전란 등으로 황폐해진 고향을 등지고 목숨을 걸고 바다 건너 외지로 흩어져 살 곳을 찾아 나섰다. 이들 중 일부가 한반도를 새로운 터전으로 택하게 되었다.

목숨을 걸고 바다 건너 도착한 인천 앞바다. 이들의 새로운 터전이 바로 현재 차이나타운이다. 사실 한반도에서 '화교'라는 이름으로 사는 타향살이는 녹록치 않았다. 살고자 하는 이들의 목적은 다양했다. 큰돈을 벌기 위해 배를 띄운 상인도 있었고, 경작을 위해 기름진 땅을 찾아온 농민들도 있었고, 가족을 위해 무작정 건너온 노동자도 있었다. 저마다 금의환향을 꿈꾸었지만 끝내 돌아가지 못했고 돌아가지 않았다. 설혹 귀향길에 올랐다가도 되돌아와야 했다. 왜냐하면 이곳 차이나타운에 점포가 있었고 땅이 있었고 가족들이 있었기 때문이다. 무엇보다 자신들의 피와 땀이 녹아 있었기에 차이나타운은 어느새 이들에게 뿌리를 내리고 살아야만 하는 삶의 터전이 되었다.

화교는 고립된 영역 속에서 차이나타운을 형성하여 터전을 만들어 살아가고자 했다. 가장 힘든 점 2가지를 내세워 자신들만의 공동체 원리를 기반으로 하는 화교학교와 화교협회를 설립하였다.

아이들이
새로운 희망이다
화교학교 설립

차이나타운이라는 고립된 영역에서 이들이 제일 힘든 건 언어였다. 한글에는 한자들이 종종 섞여 있어 글의 의미를 대충 알아맞힐 수는 있으나 말은 전혀 통하지 않아 생활하기 불편했다. 그들은 그들의 자식도 같은 고통을 겪지 않게 화교학교를 설립하였다.

인천화교소·중산중고등학교

화교학교는 후손들에게 중국의 문화와 전통을 가르침으로써, 그들이 중국인으로서의 정체성을 잃지 않고 화교사회에 첫발을 내딛게 하고자 하였다.

화교학교 설립은 아이들에게 새로운 희망이자 화교들이 차이나타운에 존재하는 이유가 되었다.

화교 사회 (화교협회 & 외국인 센터)를 만들기 위한 기반 형성

한국에서 화교는 해외이주민으로서, 한 사람으로서 기본적인 인권도 없었다. 그리하여 화교는 생존하기 위해서 자신들을 보호할 수 있어야 했고, 공동체 원리를 기반으로 한 화교센터 설립이 필요했다.

인천화교협회

1884년 4월 조선과 청나라 사이에 체결된 지계장정(地界章程)에 따라 인천에 청국전관조계가 설치되고, 이듬해 1895년 1월 청국영사관이 건립되었다. 1905년 인천의 화상(華商)들은 청국영사관 건물을 개수해 중화회관으로 사용하기 시작했다. 지금의 인천화교협회 자리였다.

현재 주요 업무는 인천화교의 호적과 각종 민원 처리를 도우며 화교의 권리와 복지, 소외 해소에 힘쓰는 것이다.

인천화교역사문화관(옛 청국영사관희의청 건물)

화교협회 건물 안쪽에 인천화교역사문화관이 있다. 130년 전 화교들의 정착 시기부터 현재까지의 모습을 담은 사진 또는 개인 소장품으로 채워진 박물관이다.(2022년 6월 현재 개방되지 않고 있으며, 인천광역시 동구청과 오픈 날짜를 협의중이다.)

인천화교역사문화관에는 화교협회 회장 손덕준 회장과 여러 화교들이 가지고 있는 130년의 모진 세월이 담겨 있다. 중국인으로서 이주했지만 오랜 세월 함께 살아오며 현지 문화에 동화된 모습과 중국적 전통과 문화를 지키고 중국사람으로서 정체성이 살아 숨쉬는 모습을 담은 사진과 유물들이 전시되고 있다.

차이나타운
문화체험

제1패루_중화문

패루

패루는 웨이하이 시가 기증한 차이나타운의 대표적인 상징물이다.

차이나타운에는 4개의 문(방향: 동서남북)으로 경계 표시를 하고 있는 패루 중화가, 인하문, 선린문, 한중문이 있다. 전통적으로 붉은 기둥 위에 지붕을 얹은 탑 모양으로 화려하게 장식이 되어 있다. 귀신을 쫓아내고 상가의 번영을 기원하는 의미를 담고 있다.

한중문화관(본관) & 인천화교역사관(별관)

한중문화관

한중문화관은 제2패루 인화문 앞에 위치해 있다. 중국풍 건축 양식의 모습을 하고 있는 문화공간으로 지어졌다. 한 지역에서 세 곳의 문화를 체험할 수 있는 곳이다.

층별 시설 안내

인천화교역사문화관 개관식

 1층 **한중문화관 갤러리**

한국과 중국의 교류전, 지역예술인의 문화, 예술활동 활성화를 위한 다양한 주제의 전시를 운영하고 있다.

2층 **(본관) 한중문화전시관**

중국의 역사, 문화, 경제, 사회 생활상을 소개하고 관련 유물을 전시하고 있다.

(별관) – 인천화교역사관

인천화교의 정착 역사를 소개하고 그들이 실제 사용했던 유물 및 화교와 관련된 사진을 다양한 주제로 전시하고 있다.(한중문화관과 연결되어 있다.)

3층 **우호도시홍보관**

중국우호교류도시 및 기증 도시를 소개하고 각 지역의 기증 자료를 전시하고 있다. 또한 중국 전통 의상 '치파오 체험'과 중국 전통 놀이 '칠교놀이 체험' 공간도 마련되어 있다.

4층 **공연장**

지역 예술인 공연 및 각종 세미나, 공청회 등에 사용된다. 대관은 공개적으로 진행되며, 인천광역시 중구 홈페이지에서 자세한 내용을 확인할 수 있다.

짜장면은 한국음식일까, 중국음식일까?

　인천항 부두에서 일하던 노동자들이 타향살이에 고향을 그리워할 때 부둣가에서 간단히 끼니를 해결하기 위해 중국에서 가지고 온 면장 소스를 국수에 비벼 먹던 음식이 짜장면의 시작이다. 인천 개항 이후 차이나타운은 중국인의 청국조계지 설정으로 자연스럽게 많은 중국요리집이 생겨나기 시작했다. 그러나 1960년대 중반 정부에서 정가제와 식품위생법의 도입으로 중국에서 재료를 공급받던 면장 소스를 유통받지 못하게 되자 한국인의 입맛에 맞게 달콤한 캐러멜을 첨가해 한국식 면장인 춘장을 만들어 판매했다. 이후 짜장은 언제 어디서나 시켜 먹을 수 있는 음식으로 많은 사랑을 받는 대중 음식이 되었다. 1990년대 god 1집 수록된 노래 〈어머님께〉에는 가사에는 돌아가신 어머니와 짜장면에 얽힌 추억을 들여다 볼 수 있다. 노래뿐만 아니라 각종 영화나 드라마에도 폭발적인 인기를 얻어 짜장면은 대표적인 한국 음식으로 자리매김을 하고 있다.

　차이나타운에 들어서면 많은 중화요리 가게를 볼 수 있다. 그중 꼭 맛봐야 하는 음식이 짜장면이다. 짜장면을 먹기 전에 박물관 관람을 하고 맛보면 훨씬 맛나게 먹을 수 있다. 여러 가게 중 화학조미료가 들어가지 않는 재래식 중국 전통 면장을 이용하여 맛을 낸 하얀 짜장면을 본래의 짜장면과 비교하면서 먹어 보면 색다른 경험이 될 것이다.

짜장면박물관

짜장면의 발상지인 옛 '공화춘' 식당 건물을 리모델링하고 지상 2층의 박물관으로 건립하였다. 짜장면의 역사와 문화 등 관련 유물이 모두 전시되어 있다.

역사 현장을 찾아서
청·일조계지 경계계단

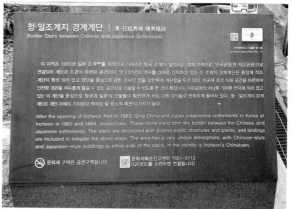

청·일조계지 경계계단 │ 淸·日租界地 境界階段
Border Stairs between Chinese and Japanese Settlements

이 지역은 1883년 일본 조계지를 시작으로 1884년 청국 조계가 설정되는 경계 지역으로, 만국공원(현 자유공원)으로 연결되어 계단과 조경이 마련된 공간이다. 약 130년의 역사를 그대로 간직하고 있는 이 조계지 경계계단은 중앙에 석조 계단이 형성 되어 있고 양단을 중심으로 급한 경사인 것을 감안하여 계단참을 두고 있다. 아울러 조경 식재 공간을 마련하여 인천항 경관을 여유롭게 즐길 수 있는 공간으로 이용할 수 있도록 한 것이 특징이다. 자유공원의 서남쪽 가파른 언덕에 자리 잡고 있는 이 계단을 중심으로 청국과 일본의 건물들이 확연하게 서로 다른 양식으로 변화하게 들어서 있다. 청·일조계지 경계계단은 계단 자체의 가치보다 역사성 및 장소적 측면의 가치가 높다.

After the opening of Incheon Port in 1883, Qing China and Japan established settlements in Korea at Incheon in 1883 and 1884, respectively. These stone stairs form the border between the Chinese and Japanese settlements. The stairs are decorated with diverse exotic structures and plants, and landings are included to mitigate the steep slope. The area has a very unique atmosphere, with Chinese-style and Japanese-style buildings to either side of the stairs, in the vicinity is Incheon's Chinatown.

문화재 구역은 금연구역입니다.   문화재훼손신고센터 1661-9112
(QR코드를 스캔하면 연결됩니다)

　　조계는 경제적인 동기에서 비롯된 경우도 있지만 군사·정치적 목표로 침략과 식민을 위해 설정되기도 한다. 제국주의 국가들의 침략과 불평등 조약 체결로 한국 내 조계가 설정되었는데, 조계 내의 행정권은 외국에 속하고 치외법권도 인정되어 침략의 기지가 되었다. 이런 아픈 역사의 흔적을 간직하고 있는 청나라의 조계와 일본의 조계가 맞닿아 있는 곳이 바로 여기다.

차이나타운
놀거리

중국의 소설 여행 속으로~출발

삼국지 벽화거리

차이나타운의 거리를 따라 오르다 보면 청·일 조계지 경계계단 위쪽으로 난 길 양쪽 벽면에 삼국지 벽화가 펼쳐져 있다. 음식 거리에서도 올라갈 수는 있지만 이야기의 순서가 역순이라 제대로 된 흐름을 볼 수 없다. 벽화의 그림 순서가 언덕 위에서 아래로 걸어 내려가며 읽어야 이야기가 이어지기 때문에 올바른 방향으로 감상하시기를 권한다. 삼국지 벽화거리는 삼국지의 전반적인 스토리를 요약해서 볼 수 있는 차이나타운의 대표적인 볼거리 중 하나다.

삼국지 벽화거리

초한지 벽화거리

초한지 벽화거리는 진나라 말기 초나라 항우와 한나라 유방의 기나긴 대립을 묘사하고 있는데, 초한지의 대표적인 사건과 등장인물들에 대한 이야기를 대형벽화로 조성하였다. 110m 길이의 벽화거리를 거닐며 중국 진나라 말부터 한나라 건국까지의 시간여행을 즐길 수 있다.

초한지 벽화거리

잠깐 쉬어 가는 중국식 전통 정원
한중원 쉼터

한중문화관을 나와 뒷길로 가면 한중원이라고 하는 조그만 쉼터가 나온다. 청나라 시대의 중국식 전통 정원을 꾸민 공간으로, 여행길에 지친 다리를 잠시 쉬어갈 수 있다. 차이나타운의 쉼터이자 야외문화공간으로 잠시 들러 여유를 느껴 보자.

한국의 사당과
중국의 사당 차이점 찾아보기
의선당

2020년 의선당 춘절(설날) 참배 활동 사진

의선당(義善堂)은 '의를 지키고 착하게 살자'는 의미를 가지고 있다. 건립 연도는 정확하게 알려지지 않았지만, 인천개항 후 인천에 거주하는 중국인들이 늘어나면서 중국을 오가는 배의 순항을 기원하고, 단합과 교화를 위해 지어진 중국식 사당이다. 출입할 때는 경건하고 조용하게 관람해야 한다.

도보관광 해설 신청하기
문화관광_역사기행

월드 커뮤니티센터

① 인천광역시 중구 홈페이지 → 문화관광 → 관광도우미 → 관광종합안내 → 도보관광 해설 신청 → 로그인(본인 확인) 후 신청

② 월드 커뮤니티센터 문의하기

차이나타운 먹거리

중추절에 먹는 달을 향한 마음의 전병
월병

중추절은 중국 4대 명절 가운데 하나다. 그러나 한국에서 추석을 한가위라 부르며 최대 명절로 치르는 것과 달리 중추절은 그리 큰 명절이 아니다. 민족 대이동이 일어나는 춘절과 달리 가까운 가족끼리 모여서 안녕을 확인하고 식사하는 정도의 날이다.

한국인이 추석 때 송편을 먹듯이 중국인은 중추절이 되면 월병을 먹는다. 월병 만드는 방법은 지역에 따라 다르다. 밀가루에 라드(돼지기름)를 넣고 반죽을 만든 뒤 팥, 콩, 녹두 등을 넣어서 둥근 모양의 틀에 굽는 게 일반적이다.

월병

일명 사기 빵
공갈빵

공갈빵

겉보기는 크지만 속은 텅 비어 있어 사기 빵이라고도 부른다. '공갈'은 거짓말을 속되게 이르는 말로, 원래 중국에서는 '空心饼'이라고 불렸다. 空은 빌 공, 心은 마음 심, 즉 '속이 빈 과자'라는 뜻이다. 한 손에 다 안 들어오는 커다란 공갈빵! 겉은 고소하고 속은 달달해서 손이 자꾸 가는 중국 간식이다.

중국 드라마에서 자주 등장하는
중국 옛날 사탕

탕후루

바삭바삭하게 코팅된 표면을 '와작'하고 씹으면
안에 갇혀 있던 상큼한 딸기 과즙이 터져 나오면
서 환상적인 맛을 자아내는 디저트다.

탕후루

인천역
3번 출구
수인분당선

인천역
1호선
경인선

중화가

인천역
사거리

개항동
행정복지센터

짜장면
박물관

인천근대
박물관

중국·대만 출신
강사가 추천하는
차이나타운 명소

한중원

한중문화관

의선당

북성동원조
자장면거리

초한지
벽화거리

삼국지
벽화거리

월드
커뮤니티센터

인천화교소·중산중고등학교

인천화교협회

역사
문화의거리

청일조계지
경계계단

중구생활사
전시관

화교
나관

03
차이나타운 거리에서 만난 세계시민
- 130년 이후, 현재 후손들의 이야기

화교협회 회장이자 태화원
손덕준 사장

차이나타운 거리에서 화교협회 손덕준 회장을 만났다. 그는 여느 화교들처럼 중국집을 운영하고 있었다. 그는 한국에서 태어났으나 본적은 중국 산둥성이다. 일찍이 할아버지, 아버지가 한국으로 이주하여 현재 4대째 식당업을 하고 있으니 이곳이 고향이나 다름없다. 때문에 그는 한국 화교협회 회장직을 맡아 화교 취약계층의 권리와 복리를 위해 책임감 있게 일하고 있다.

💬 최근 화교들의 근황은 어떤가요?

인천 화교협회 회원은 3,600여 명 정도로 인천 중구에 제일 많고, 그 다음으로 인천 남구와 강화도에 많이 살고 있습니다. 주 업종으로 예전에는 식당이 제일 많았으나, 지금은 관광업계와 한국 회사에 종사하는 분이 많아요. 차이나타운에는 중식당 및 상점이 30여 개 있는데 그중 화교가 40% 정도 차지하고, 한국인들이 더 많이 운영 중입니다.

💬 화교학교에 다니는 아이들은 얼마나 되나요?

화교학교 역사가 100여 년이 되다 보니 예전에 많을 때는 1,200명까지 된적이 있었습니다. 그러나 시대 변화에 따라 산아정책이 시행되고, 한국으로 많이 귀화하여 현재 유치원에서 고등학교까지 400여 명이 화교학교에 다니고 있습니다.

💬 구화교와 신화교로 구분된다고 하셨는데 그 차이는 무엇인가요?

구화교는 협회장 포함 초창기에 온 사람들로 대만 국적이 많고, 신화교는 본토에서 사업상 왕래하거나 최근 이주하여 살기 위해 영주권을 갖고 있는 사람들로 중국 국적이 대부분이에요. 세계 각국에 화교들이 많지만 중국 산둥반도에서 한국의 인천이 제일 가깝고, 130년의 역사를 가진 인천이 시발지입니다.

💬 차이나타운에서 짜장면이 제일 먼저 시작된 이유는 무엇일까요?

초창기에는 무역상들과 관련 업무에 종사하는 사람들이 많았어요. 그래서 고급요리보다는 부두에서 간단히 빨리 먹기 위해 산둥성의 짭짜름한 춘장에 국수를 비벼서 먹기 시작했죠.

원래 춘장은 밀가루와 메주에 소금을 넣어 1년 동안 항아리에서 햇빛으로 발효시켜서 검게 만든 것인데요. 그것이 한국인 입맛에 맞는 한국식 짜장면으로 변화된 거죠. 요즘 중국에서 팔고 있는 짜장면도 한국식 짜장면이에요. 결국 한국에서 중국으로 역수출된 거죠. 하하!

💬 차이나타운 먹거리로 탕후루, 공갈빵, 월병 등이 있는데 산둥성에서 이주해 와서 처음 만든 음식은 따로 있다면서요?

처음에는 꽈배기 장사가 많았지요. 그러다 한국과 중국이 수교 후에 본토에서 탕후루가 들어왔죠. 원래는 중국의 산사나무 열매로 만드는데 요즘은 딸기, 포도로 변경이 된 것 같아요.

공갈빵은 100년 역사의 복래춘이 원조인데 요즘은 신식으로 더 잘 만들어요. 중국 현지에 가보면 공갈빵은 없고 잘 모르더라고요. 음식은 시대에 따라 자꾸 변하는 것 같습니다.

💬 지금 아들까지 4대째 하고 있는데 기억나고 재미있는 일화가 있는지요?

옛날 아버지가 식당을 할 때는 양 위주로 많이 주면 최고였기에 양을 조금 주면 다시 안 오는 배고픈 시절이 있었어요. 지금은 짜장면 곱배기가 옛날의 짜장면 보통 정도로 양이 줄었죠. 입이 고급화되어 양보다 맛이 우선으로 질이 중요해요.

이제 세월이 흘러 화교들도 거의 한국 사람처럼 된 것 같습니다. 짜장면 한 그릇 더 파는 게 문제가 아니라 인천 차이나타운이 역사가 깊은 곳이므로 인천시뿐만 아니라 정부 차원의 폭 넓은 관심 유도와 지원으로 많은 사람이 찾아오는 관광지로 활성화되기를 기원합니다.

초창기 때는 맛을 내기 위해 춘장을 별도로 개발하기도 했는데요. 처음

에는 중국음식점이 풍미, 태청반점, 자금성 세 군데였으나 지금은 30여 곳이나 되므로 짜장면을 좋아하는 학생들이 많이 찾아와 주길 바랍니다.

유치원이나 초중고 학생들이 단체로 많이 오는데 유치원생에게 양이 많을 경우 태화원에서는 반 그릇을 팔기도 합니다. 한국에는 3살짜리 어린아이도 짜장면을 알고 좋아하더라고요. 앞으로 많이 견학을 와서 짜장면박물관도 관람하고, 하얀 짜장면 맛도 즐기고, 화교역사관, 의선당(사당)도 구경하면 좋겠습니다.

4대째 가업을 이어가고 있는 복래춘
유서지 사장

차이나타운 중심가에서 약간 떨어진 골목길 화교중산학교 맞은편에는 100년이 넘는 중국 전통 제과점 복래춘이 있다. 일제 강점기 1920년에 시작해서 102년이나 된 이곳은 '복래춘' 상호만으로도 70년이 넘는다. 그 전에는 서울에 가게가 있었는데 6·25 전쟁 이후 인천으로 이사 오게 되면서 '봄이 다시 온다'라는 의미를 갖고 있는 '복래춘'으로 상호를 바꾸게 되었다고 한다. 우리는 차이나타운에서 중국집 '태화원'에 이어 4대째 이어온 제과점 '복래춘' 유서지 사장을 만나 보았다.

중국 전통 제과점을 하게 된 이유는 무엇인가요?

"할아버지께서 전통 제과점을 하고 계셨어요. 그 뒤로 아버지, 저 그리고 아들 이렇게 4대째 전통적으로 계속 장사해온 거지요. 옛날 차이나타운은 지금과 많이 달랐어요. 그때 이 동네는 전부 중국 사람이었어요. 인천에만 중국 사람이 10만 명 정도였어요. 1970년은 한국에 중국 사람이 가장 많은 시기였어요. 너무 어려운 시기여서 많은 중국 사람들이 대만이랑 미국으로 이민을 갔어요. 지금 남은 구화교는 2만 명 정도밖에 안돼요. 요즘 같은 가게는 별로 없고 이발소, 옷 만드는 가게, 목욕탕, 야채 가게 등이 있었지만 제과점은 저희 '복래춘'밖에 없었어요.

공갈빵과 수제 월병은 한국에서 저희 복래춘에서 처음 시작했어요. 아무래도 공갈빵이 제일 대표적인 과자라고 생각해요."

유서지 사장은 대표 메뉴 공갈빵을 추천했지만 취재 기자가 살던 지역의 지마수(깨과자)랑 찹쌀수과자 그리고 부영고에 더 손이 갔다. 특히 지마수랑 찹쌀수과자는 (중국에서) 어렸을 때 먹었던 맛 그대로였다. 고향이 떠오르는 추억의 맛, 고소한 맛, 집에 와서도 계속 생각나는 맛이었다.

 복래춘에서 처음으로 공갈빵을 만들었다면서요?

옛날에 이 동네에 공갈빵은 복래춘밖에 없었어요. 시댁 할머니가 옛날 중국에서 제과 장사를 했어요. 인천에 온 후 시댁 할머니가 공갈빵을 만들어서 인천 부둣가에 가져가서 노동자들과 상인들에게 팔았어요. 공갈빵을 만들어서 팔게 된 할아버지, 할머니가 모두 중국 산동성 사람이에요. 그때 인천 쪽의 화교 대부분은 중국 산동성에서 배 타고 온 사람들이에요. 공갈빵은 중국 산동성에서 많이 먹는 과자류예요. 할머니가 고향 음식을 만들어서 팔기 시작하면서 복래춘이 생기게 된 거예요. 공갈빵 외에 수제 월병,

찹쌀수과자, 부영고, 지마수, 대추왕꽃빵, 중국식 꽈배기도 수제로 만들어 팔고 있어요. 그래서 화교들은 설날, 추석 등 명절이나 제사 지낼 때 저희 복래춘에서 많이들 주문해요.

💬 아이 돌 잔칫상에 올리는 전통 빵도 만드는지요?

백일상이나 돌잔치에 올리는 복숭아왕꽃빵, 나비왕꽃빵, 석류왕꽃빵, 연꽃왕꽃빵 등 9가지의 왕꽃빵도 주문받고 있어요. 중국 산둥성 전통의 맛을 유지하는 것이 저희 복래춘의 자부심이에요. 이후에도 대대로 전통을 잊지 않고 계속 유지해 나가서 많은 화교들에게 고향의 맛을 선사하는 가게가 되고 싶어요.

유서지 사장은 한국에서 태어나 가족을 이루었다. 그리고 인천차이나타운에서 중국 과자의 전통을 유지하며 살아가고 있다. 아무리 멀리 뻗어 나왔어도 그 뿌리를 소중히 여기고 지키려는 마음이 복래춘 전통의 힘이 된 것 같다. '복래춘'은 사장의 인생이자 자랑이자 자부심이다.

산둥성 출신 화교 2세대, 화덕만두집
곡창준 사장

취재진은 인천역에 모여 차이나타운으로 들어서는 입구의 중화가(패루)에서 100미터 언덕으로 올라갔다. 야트막한 언덕을 따라 올라가니 중국어 간판으로 뒤덮인 중화 먹거리 가게들이 눈에 들어왔다. '화덕만두' 가게를 찾아 곡창준 사장과 인사를 나누고 취재를 요청하자, 바쁜 일손 가운데에서도 취재팀을 반갑게 맞아 주었다. 많은 사람들의 먹거리 사랑과 관심을 받아서 그런지 짧은 인터뷰 시간이었지만 곡창준 사장은 많은 이야기를 들려주었다.

•••• 본인소개를부탁드립니다.

산둥성 출신 화교 2세대인 저는 네 가지(고기, 단호박, 고구마, 팥) 맛으로 중국의 문화를 알려 주고 싶어서 화덕만두 가게를 운영하고 있습니다. 이곳이 인천 차이나타운의 먹거리 명소가 되어 가업으로 이어감을 물론 착한가게로 이웃 나눔을 실천하고자 합니다.

처음부터 이곳 차이나타운에서 시작하신 건가요?

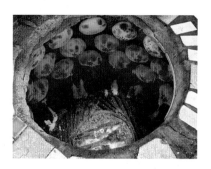

　　이곳 인천이 예전(1884년) 청나라 조계지로 형성되면서 중국인들이 많이 모여 들었습니다. 대부분의 중국인들은 산둥성 출신이었으며, 제 아버님도 이곳에 정착하여 요식업에 종사하셨습니다. 그러니까 저는 화교 2세대이며, 이곳에서 지금 아내와 결혼하여 두 딸을 두고 있습니다.

　　처음에는 아내의 고향인 강원도 원주에서 중화요리 식당을 운영하였습니다. 장사가 제법 잘 되어 사업 영역을 넓혀 가다가 어려움을 겪고 있던 차에 14년 전(2008년) 대만에 있는 친구에게 놀러가서, 그곳 야시장에서 화덕에 구워 파는 만두를 보고 창업 아이템으로 아이디어를 얻어, 이곳 인천 차이나타운에 화덕만두 가게를 열게 되었습니다. 원래 화덕만두는 중국 푸젠성 항구도시 푸조우 지역에서 먹던 음식으로 돼지고기에 파를 듬뿍 넣어 만든 만두였습니다. 한국에서는 화덕을 이용하여 먹거리를 만드는 것이 매우 드물지만 중국, 대만에서는 화덕이 일반화되어 있을 뿐만 아니라, 저 역시 화덕 사용에 익숙해 만두를 만드는 데 큰 어려움은 없습니다. 매일 만두 빚으며 하루를 시작한 지가 15년이 되어가고 있습니다."

 네 가지 맛 화덕만두에 저도 관심이 가는데요. 손님들의 반응은 어떤가요?

　　가게를 찾아오는 손님들이 처음에는 화덕에서 달구어지는 불이 최고 1,000도까지 올라가면서 만두가 구워지는 모습에 신기한 눈으로 바라보곤 했습니다. 그리고 화덕에 만두 구워질 때 만두에서 육즙이 나오는 모습을 인증 숏하면서 구경하는 재미도 쏠쏠한 것 같습니다. 그러면서 사서 먹어보고는 맛있었는지 (빵이야? 만두야? 하면서) 입에서 입으로 소문을 내었고 TV 방송국에서도 찾아와 '생활의 달인', '김영철의 동네 한바퀴' 프로그램에도 방영되었습니다. 그런 덕분인지 제가 인터뷰를 부드럽게 잘하죠(미소). 중국과 대만에서 만드는 화덕만두와의 차이점은 우리 한국 사람들의 입맛에 맞게 향신료를 제거하고 밀가루 반죽 후에 만두소로 각각 고기, 단호박, 고구마, 팥 이렇게 네 가지 종류로 화덕에 구웠습니다. 만두 속에 들어가는 재료는 엄격하게 선별하고 신선도를 유지하지만, 무엇보다 정성을 다하여 만들고 있다고 자부하고 싶습니다.

💬 만두 속은 어떻게 알아 볼 수 있을까요?

모양으로 보아서는 알 수 없습니다. 그래서 깨로 구분하였습니다. 만두 겉면에 깨가 있는 것(단호박), 깨가 없는 것(팥), 검정깨가 있는 것(고기), 흰깨와 검정깨가 섞여 있는 것(고구마)으로 구분하였습니다.

💬 화덕만두를 만들면서 가장 큰 어려움은 무엇일까요?

밀가루 반죽뿐만 아니라 고기, 단호박, 고구마, 팥 등 만두소도 일일이 손으로 작업을 하여야 하기 때문에 손품이 많이 들어갑니다. 무엇보다 뜨거운 화덕에서 작업해야 하기 때문에 자칫 손에 화상을 입는 경우가 생깁니다. 그래서 잠시 찬 얼음물에 담갔다가 화덕에 만두를 붙이는 작업을 합니다. 그야말로 장인정신을 필요로 합니다. (웃음) 저녁에는 다음 날 판매할 만두소를 다지느라 늦은 저녁 시간까지 아내와 함께 일을 합니다.

코로나 이전에는 만두를 사려고 긴 줄이 늘어서며 매출이 제법 많아 일손이 부족할 정도였는데, 지금은 매출이 절반 이상 뚝 떨어져 불가피하게 아내와 단 둘이서만 일하고 있습니다. 한때 주말에는 한정 판매를 하여야 할 정도였는데, 요즈음에는 평일에는 손님이 별로 없고, 주말에만 만두를 사기 위해 줄을 서서 기다립니다. 곧 상황이 좋아지기를 기다리며 기대하고 있습니다.

💬 명물로 자리 잡은 가게, 가업으로 이어나가실 생각은 있으세요?

예, 화덕만두 가게가 인천 차이나타운 먹거리 명물로 자리 잡은 것도 이곳을 찾는 많은 분들이 사랑해주셔서 가능했던 것인 만큼, 이에 보답하는 뜻에서도 제 자식에게 가업으로 이어 나가라고 이야기하고 있습니다. 저희 집도 이곳 차이나타운 근처에 있으며, 딸도 옆 가게를 운영하고 있습니다. 그리고 일손이 부족할 때는 이곳에 와서 가게 손님맞이를 도와주곤 합니다.

💬 이웃 사랑도 꾸준히 실천하고 계신다면서요?

(조금 쑥스러운 표정을 지으며) 지금까지 사랑의 열매, 희망나눔 등을 통하여 이웃 기부를 꾸준히 실천하고 있습니다. 이런저런 나눔의 실천을 하여서 그런지 저희 화덕만두가 '착한가게'로 선정되어 인천시에서는 사회공익분야 시민상을 수여하였습니다. 여기에 만족하지 않고 앞으로도 힘이 닿는 데로 어려운 이웃과 나눔 실천을 계속하고자 합니다.

취재팀은 곡창준 사장이 운영하는 화덕만두 가게가 날로 번창함은 물론 지금처럼 이웃 나눔 실천을 통하여 선한 영향력과 향기가 전해지기를 바라면서, 네 가지 화덕만두를 사서 발걸음을 돌렸다.

동아시아

인천 개항장에서 만난
일본

　각기 다른 나라의 사람들이 만나 일본에 대해 질문하고 조사하며 그 해답을 얻기 위한 여정을 떠났다. 우리는 인천 개항장에서 어떤 모습의 일본을 만났을까?

취재진 소개

한국에 온 지 10년 차인 일본인 이주민 사야카, 가까운 듯 낯선 일본이 흥미로운 중국에서 온 윤영, 한국의 역사문화유산 해설사 김미진

01
일본
이해하기

가깝고 먼 나라 일본,
얼마나 알고 있나?

일본에서는 자기 나라를 '해가 뜨는 나라(日出ずる國)'라고 말한다. 그 이유는 일본이 아시아의 맨 동쪽에 위치해 가장 먼저 아침이 시작한다고 생각하기 때문이다. 우리가 잘 아는 '일장기(日章旗)'라고 불리는 일본 국기에 그려져 있는 빨간 동그라미 역시 아침에 떠오르는 해를 상징하는 것이다.

일본 영토의 면적은 377,873㎢로 우리나라의 약 3배이고, 인구수는 약 1억 2,600만 명으로 우리나라보다 약 2배가 넘는다(2022년 기준). 북쪽에서부터 홋카이도(北海道)·혼슈(本州)·시코쿠(四国)·규슈(九州) 등 4개의 큰 섬과 6,800개가 넘는 작은 섬으로 이루어져 있다. 전체가 남북으로 긴 형태이고, 그 거리는 무려 4,000km나 된다. 이것은 서울과 부산을 4번 왕복할 정도의 거리다.

그렇다 보니, 북쪽과 남쪽의 기후가 현격하게 차이가 나타난다. 북쪽과 남쪽의 겨울을 비교하면, 북쪽 홋카이도는 한겨울에 영하 40도까지 떨어지는 추운 곳이 있으며 5월 초까지 스키장이 열려 있는 반면에, 제일 남쪽 오키나와는 아무리 추워도 영상 10도 밑으로 떨어지는 일이 거의 없고 3월부터는 해수욕장이 열린다. 이런 환경에 맞는 의식주로 문화와 언어를 유지하며 생활하고 있다.

일본은 '지진의 나라'로도 유명하다. 그것은 일본 땅이 4개의 지각판이 만나는 곳에 위치하기 때문이다. 지각은 꾸준히 이동하고 있고, 판끼리 만나는 곳에서는 밀고 당기는 힘으로 인해 화산 폭발과 지진이 자주 일어난다. 지진의 근원지가 바다라면 큰 해일(쓰나미)이 오기도 하는 등 일본은 자연재해와 뗄 수 없는 나라다. 그래서 항상 자연재해가 일어날 것을 미리 예방하기 위해 학교나 회사 등에서는 정기적으로 훈련을 하곤 한다.

일본인들은 지금 무교라고 답하는 사람이 60% 이상(2018년 NHK 조사)이라고 하지만, 신도(일본의 신화, 자연 신앙, 조상 숭배 등이 섞인 일본 민족종교)나 불교, 기독교 등 다양한 신앙이 존재한다. 특히 신도, 불교는 일본 문화에 근원이기도 하다. 신도는 일본의 민족 신앙이지만, 불교는 중국과 한반도를 통해서 일본에 전해졌다.

일본의 의식주

의(衣)   1800년대 후반 일본이 서양의 문화를 적극적으로 받아들이면서 사람들이 입는 옷도 서양 스타일로 급격히 바뀌었다. 서양에서 들어오는 형식의 옷을 요-후쿠(洋服, 양복)라고 하고 그것과 구별하기 위해 원래 일본에서 입었던 옷을 '와후쿠'(和服, 화복)라고 부르기 시작했다. 한자 '和(화)' 자는 일본이 '일본'이라는 이름을 갖기 전부터 있었던 나라의 이름이고, '화합한다(和)'는 일본에 사는 사람들이 소중히 여겨왔던 가치이기도 하다. 결국 '와후쿠'는 '일본의 옷'이라는 뜻이다.

사람의 계급이나 직업, 또한 시대나 행사에 따라 다양한 '와후쿠'가 있지만, 일본의 전통 옷으로 유명한 것은 '기모노(着物)'와 '유카타(浴衣)'다. 일반적으로 '기모노'라고 하면, 결혼식, 장례식, 성인식, 대학의 졸업식 등 중요한 행

기모노

유카타

사 때 입는 옷이다. 여성의 기모노는 다양한 색의 천에 꽃, 나비, 식물 등 화려한 그림이 그려져 있는 것이 많지만, 남성의 기모노는 단순한 무늬들이 많고, 색상도 검정과 흰색 계통이 많다.

　기모노가 공식적 자리에서 입는 옷이라고 하면 '유카타'는 집에서 가볍게 입는 옷이다. 유카타는 목욕을 하고 나서 입는 옷으로 지금으로 말하면 실내복이라고도 할 수 있다. 모양은 기모노와 비슷하게 긴 소매와 발목까지 오는 긴 천을 입고 허리에 띠를 두른다. 기모노보다 천이 얇고 입기도 편하다. 현대 일본에서는 유카타를 매일 집에서 입지 않고 여름에 축제에 갈 때 대부분 걸친다.

＊기모노는 한자로 着物로 '착용하는 물건'이라는 뜻이다. '기모노'는 일반적으로 일본에서 입는 길고 허리에 큰 띠가 있는 전통 옷을 가리킬 때가 많지만, 원래 단어의 뜻은 그냥 모든 옷을 포함한 '옷'이라는 뜻이다.

식(食)

　일본의 전통 음식을 일본에서는 와쇼쿠(和食, 와나라의 음식)라고 부른다. 와쇼쿠의 특징은 생선 등을 날것으로 먹고, 재료 자체의 맛을 살리는 담백한 양념을 쓰며, 눈으로도 요리를 즐길 수 있게 담는 식기에도 신경을 쓴다는 것이다. 또한 와쇼쿠는 특히 신년 축하를 위한 일본의 전통 식문화는 2013년에 유네스코 인류무형문화유산에도 등록되어 있다.

■ 스시(寿司)

'초밥'이라고 하듯 식초, 설탕, 소금으로 간을 한 스메시(酢飯, 식초 밥)라고 불리는 밥 위에 생선을 얹거나 김으로 말아 먹는 와쇼쿠의 대표 음식이다. 간

장과 와사비(わさび)라는 향신료와 같이 먹는다. 스시 위의 생선은 원래는 식초나 간장에 절이거나 잠깐 열을 가해서 조리를 해 왔지만, 현대에 들어와 얼음이나 냉장고를 구하기가 쉬워지면서 날로 먹는 것이 많아졌다. 일반적으로 스시라고 알려져 있는 것은 일본의 '에도마에 스시(江戸前寿司)'라고 불리는 에도(옛날 도쿄의 이름)에서 유행해서 일본 전국으로 퍼져나간 스시다.

스시의 종류는 이것 외에도 많다. 형틀에 식초 밥과 생선을 넣고 눌러 썬 오시스시(押し寿司), 채소, 버섯, 계란 등을 식초 밥과 같이 섞어서 먹는 치라시스시(ちらし寿司) 등 그 종류가 다양하다.

■ 소바(蕎麦)

소바(메밀)의 열매를 가루로 만든 면요리다. 쯔유(つゆ)라고 불리는 간장 베이스에 소스에 담가서 먹는다. 여름엔 차가운 쯔유에 담가서 먹고, 겨울엔 따뜻한 쯔유 속에 채소나 버섯, 계란, 유부, 산나물, 고기 등과 같이 먹는다.

■ 말차(抹茶)

말차는 녹차의 한 종류이지만 우리가 흔히 마시는 녹차와 제조 방법이 다르다. 옛날부터 다도에서 쓰였던 차로 쓴맛이 강해서 달콤한 화과자

(和菓子)를 먼저 먹고 마시면, 입속에서 과자의 단맛과 말차의 쓴맛의 조화를 즐길 수 있다.

주(住)

남쪽 오키나와는 아열대 지역, 혼슈·시코쿠·규슈 등 중앙 지역은 온대 지역, 북쪽 끝인 홋카이도는 아한대 지역으로 가옥의 특징도 지역의 기후에 맞게 다른 모습을 가지고 있다. 다만 섬나라인 일본의 대부분 지역은 습한 날씨로 인해 추위를 막는 단열보다 습함을 피하는 통풍에 더 많이 신경을 써왔다. 예를 들면 방과 방의 경계를 벽으로 완전히 막는 것보다 후스마(襖, 맹장지)나 쇼지(障子, 장지)의 미닫이문을 이용해서 통풍이 잘 되게 만들었다. 또한 일본의 바닥재로 유명한 다다미(畳)의 표면은 이구사(藺草, 골풀), 안쪽은 와라(藁, 짚)로 만들어져 있어서 습기가 많을 때는 수분을 흡수하고 건조할 때는 수분을 방출해 천연 가습기의 역할도 한다. 이런 전통적인 일본 집의 방을 와시쓰(和室, 와나라의 방)라고 부른다.

또한 숲이 많은 일본에서는 옛날부터 자연 속에서 얻을 수 있는 나무나 흙, 짚 등으로 집을 지어 왔다. 그리고 지진이 많은 일본은 건축기술이 좋아진 현대에서도 한국처럼 높은 아파트를 만들지 못하고, 3~10층 정도의 집합주택이 평균적인 높이다. 그리고 1, 2층의 단독주택에 사는 사람들도 많다.

'도쿄'는 왜 '동경(東京)'일까?

일본의 수도는 도쿄(東京)이다. 도쿄의 한자를 살펴보면 동(東)쪽에 있는 수도(京)로 해석할 수 있다. 그렇다면 왜 '동쪽에 있는 수도'라고 할까? 그 이유는 도쿄가 수도가 되기 이전, 오랫동안 수도였던 옛 수도 교토(京都)가 서쪽에 위치하고 있었기 때문이다. 즉, 도쿄는 수도가 서쪽에서 동쪽으로 이동한 것을 나타내기 위한 이름으로 '동쪽의 수도'라고 할 수 있다.

일본 사람끼리도 통역이 필요하다?

일본에서는 일본어를 공용어로 사용하고 있지만, 우리나라와 같이 지방마다 특색 있는 다양한 방언이 있다. 그 사투리를 들으면 그 사람이 어느 지방 출신인지 대충 알아맞힐 수가 있다. 예를 들어, 누군가가 "아리가토(감사합니다)."라는 말을 해야 할 상황에서 "오-키니."라고 말한다면, 그 사람은 오사카를 중심으로 한 간사이 지방에서 온 사람이다. 많은 한국인이 제주도 사투리를 쉽게 알아듣지 못하는 것처럼, 대부분의 일본인도 북쪽 홋카이도 원주민인 아이누의 말이나 남쪽 오키나와(구 류큐왕국)의 류큐어는 일본인도 알아들을 수 없어서 간혹 통역이 필요하다.

중국, 조선에서 벗어나 유럽 속으로?

오랫동안 쇄국으로 청나라나 조선 외에는 외국과 교류를 하지 않았던 일본은 1800년대 후반부터 서양의 나라들이 점점 산업화하여 군사력이 강해지는 모습을 보고 위기감을 느꼈다. 보수적인 중국이나 조선 정부를 벗어나 서양을 따르기로 한 일본은 '아시아를 벗어나 유럽에 들어간다'라는 뜻의 '탈아입구(脱亜入欧)' 정책을 세우고 급격히 서양 문화를 받아들이기 시작했다.

서양식 근대화에 성공하여 아시아의 강국이 된 일본은 점점 그 영향력을 다른 아시아 국가로 넓혀갔다. 그 시작이 조선이었으며, 1910년부터 1945년까지 35년 동안 강제적으로 조선을 지배했다. 조선에서부터 중국, 필리핀, 말레이시아, 인도네시아, 미얀마, 인도까지 침략하고 미국을 선두로 한 연합국과 전쟁을 하였지만, 1945년 미군이 히로시마와 나가사키에 원자폭탄을 떨어뜨리면서 일본은 무조건 항복을 선언하게 되었다.

전쟁 후 일본은 폐허 속에서 다시 산업 발전을 이루어 세계 경제 대국으로 성장하였다. 패전 이후 한국과의 교류가 거의 없었지만 1965년 한·일 협정으로 국교 정상화를 이루어 정식으로 나라 간 교류가 시작되었다. 또한 한국에서는 해방 후 일본의 영화·만화·음악 등 대중문화가 들어오는 것을 금지했지만, 1998년부터 2004년까지 단계적으로 일본 문화를 개방했다. 1990년대만 해도 일본의 대중문화가 한국에 들어오는 비율이 더 많았지만, 2000년대 후반부터는 일본에서 한류 붐이 일어나면서 지금은 일본에서도 K-pop이 더 유행하고 있다.

만화/애니 강국 일본

전쟁을 정당화했던 일본이 패배하고 혼란과 빈곤 속에 힘들게 자란 어린이들에게 희망의 빛을 보낸 것은 '만화'였다. 특히 자신도 전쟁의 비참함을 경험하고 생명의 소중함을 깊이 느낀 만화가 데즈카 오사무(手塚 治)는 일본 애니메이션의 시조다. 1963년, 한국에서도 유명한 〈철완 아톰〉이 처음으로 30분짜리 영상 애니메이션으로 TV 방송에 나가고 나서 다른 일본 만화가들도 그 뒤를 이어갔다. 그들은 50년 넘게 어린이들에게 인기를 끌고 있는 〈도라에몽〉으로 유명한 후지코 F. 후지오(藤子F不二雄)나 〈이웃집 토토로〉, 〈센과 치히로의 행방불명〉 등으로 유명한 미야자키 하야오 등이다. 특히 미야자키 하야오의 애니메이션 영화는 세계적으로도 인기를 얻고 있다.

애니메이션 강국 일본의 대표선수 '미야자키 하야오'

미야자키 하야오는 1941년 1월 5일 일본 도쿄에서 태어났다.

초등학교 때는 체격이 왜소하여 운동도 잘 못해 그림을 그리거나 만화책 보기에 열중했다. 우츠노미야 시에 살 때 학교 등굣길에 대장간이 있어서 그는 그 대장간에 자주 들러 구경하곤

했다. 그때 그는 장차 커서 대장간 일을 직업으로 해야겠다고 생각했다. 그래서 그의 작품에서는 대장간이 곧잘 등장한다. 좀 더 성장하여 중학교 때는 영화에 푹 빠졌다. 매주 영화를 보러 다녔다. 그리고 프랑스 유학파인 미술 선생님에게서 그림 그리기를 배웠다. 매일매일 그림을 그렸다. 그리고 1956년 고등학교에 입학할 때 드디어 만화가가 되기로 결심했다.

1963년 대학 졸업하고 토에이 애니메이션에 입사했다. 토에이 애니메이션에서 그의 재능은 제대로 발휘되지 못했지만, 그의 천재성은 선배들이 인정했다. 1973년에 다시 즈이요 영상으로 이적해 〈알프스의 소녀 하이디〉의 장면 설정과 레이아웃 작업을 맡았다. 1979년 도쿄 무비신사에서 자신의 첫 감독 작품인 〈루팡 3세 칼리오스트로의 성〉을 만들었다. 하지만 흥행에 실패한 그는 또다시 방황하기 시작했다. 39세인 그는 애니메이션을 그만두고 만화가가 아니면 그림책 작가가 될까 고민했다. 퇴사하여 프리랜서로 활동하면서 만화 〈바람계곡의 나우시카〉를 창작했다. 그리고 우여곡절 끝에 1981년 3월에 이 만화를 원작으로 극장 애니메이

지브리 미술관 Ghibli Museum Mitaka

션 영화가 제작되어 상영에 성공했다. 이 애니메이션 영화는 그해 아니메 그랑프리, 일본 아니메 대상에서 상을 탈 정도로 호평을 받았다. 그 후 '스튜디오 지브리'라는 애니메이션 제작사를 설립해 1986년에 〈천공의 성 라퓨타〉를 만들었다. 1987년에는 〈마녀 배달부 키키〉를 만들어 흥행에 큰 성공을 거두었다. 미야자키는 애니메이션의 거장이 되어 흥행보증수표가 되었다.

그는 일본의 애니메이션 영화의 작품성과 예술성을 세계적으로 인정받게 한 애니메이션의 거장이다. 그는 자신만의 감성적인 화면과 스토리 설정으로 어린이분만 아니라 성인도 애니메이션의 매력을 느낄 수 있는 작품을 만들어냈다. 작품 속에 자신의 강한 소신을 담아 선량하고 강인한 인간의 모습과 평화, 비폭력, 환경에 대한 우려 등 다양한 사회문제를 다루었다. 그는 일본의 침략 역사를 반성하고 주변 피해국가에 사과하고 용서를 구해야 한다고 주장했다. 2005년 미국 시사주간지 〈타임〉은 '세계에서 가장 영향력 있는 100인'으로 그를 선정하였다.

일본의 전통을 느낄 수 있는 곳, 교토(京都)

킨카쿠지

키요미즈데라

일본의 수도는 도쿄(東京)이지만, 도쿄가 수도가 된 역사는 그리 길지 않다. 왕이 도쿄에 온 지는 약 150년, 수도의 기능이 도쿄에 이전된 지는 약 400년밖에 되지 않는다. 도쿄 이전에는 교토가 천년의 수도 역사를 가지고 있어 전통적인 일본을 느끼고 싶은 관광객들은 교토를 찾는다. 교토는 일본 혼슈의 서쪽 간사이 지방에 위치하며, 일본 제2의 도시로 유명한 오사카에 옆에 있다. 오랫동안 일본의 왕(천왕)과 귀족들이 살아온 지방이라 지금도 교토에 사는 사람들은 과거의 전통과 역사에 자부심을 갖고 전통을 지키려고 노력한다.

세계에서도 유명한 킨카쿠지(金閣寺), 키요미즈데라(淸水寺) 등 오래된 절, 신사, 건물 등 유네스코 세계유산으로 등록된 곳이 무려 17개나 있다. 이곳을 찾아보면 교토의 전통적인 특색을 찾아볼 수 있다.

02
한국 속 작은 일본을 만나러 가다

우리는 국내에서 일본 문화를 만날 수 있는 곳인 인천 개항 장을 찾았다. 한국 현대의 시작인 인천 개항장을 한국과 중국, 일본인 취재진 팀이 함께 탐방하는 것에 깊은 의미를 느꼈다. '130년 전 여기서 조선 사람, 청나라 사람, 일본 사람들은 어 떤 관계를 맺고 살았을까?' 하며 상상해 볼 수 있기 때문이다.

개항장에서 일본을 느낄 수 있어 일본인 취재자는 잠시 고 향을 그리워했지만, 일본의 강제 지배 역사를 생각하니 마냥 기뻐할 수 없었다. 침략자들이 만든 건물이니 다 없애자는 의 견 때문에 많은 건물이 없어졌고 그 형태가 바뀌었지만, 아픈 역사를 잊지 않기 위해 보존하고 그 역사적 공간을 새롭게 활 용하려고 하는 시도들은 새삼 멋있게 느껴졌다. 우리 청소년 들도 이런 나라들의 힘으로 인해 문화가 충돌했던 역사적인 장소에서 이제는 서로를 존중하는 열린 마음으로 나와 다른 문화를 이해할 수 있길 바란다.

개항장 거리

개항과 함께
시작된 새로운 거리
개항장 거리

인천은 개항과 함께 시작된 역사의 변화와 문화의 다양성이 많이 남아 있는 곳이다.

그중 인천 중구 신포로 31번 길 일대, 신포문화의 거리로도 불리는 관동은 인천 개항장 근처에 오래된 일본식 건축물들을 많이 볼 수 있는 곳이다. 이곳 인천개항장에 일본식 건축물이 많이 남아 있게 된 것은 제물포항으로 개항한 인천항이 서양 문물이 많이 들어오는 관문으로 이곳에 일본을 비롯한 열강들이 다양한 건축물을 세웠기 때문이다. 이러한 배경으로 이곳엔 개항 이후 100여 년의 시간을 그대로 간직한 건축물이 많다.

개항 초기에 인천지역에 들어선 일본식 건축물들은 당시 일본 무역회사와 은행, 상점, 호텔 그리고 인천 부청사로 쓰인 현재의 인천 중구청 등 다수였다. 이런 환경으로 이곳은 '혼마치'라 불리는 번화가가 되었다. 특히 현 중구청을 중심으로 한 지역은 일본 조계지(주로 개항장에 외국인이 자유로이 통상 거주하며 치외법권을 누릴 수 있도록 설정한 구역)였다. 자연스럽게 일본인이 많이 거주하고 관사도 들어서게 되며 일본식 목조주택들이 많이 건축되었다. 일본인 거주지 중심으로 도시 시설이 확충되고 일본인 중심으로 도시환경이 조성된 것이다. 현재의 골목 모습만 보아도 격자 모양으로 반듯하고 구획이 정확히 나누어져 있어 교토와 같은 일본의 전형적 도시 모습과도 비슷하다. 우리는 인천 개항장 거리에 있는 과거의 장소들을 방문해 봤다.

100여 년 전으로의 시간여행
인천 '관동갤러리'

개항장 인천 관동에는 일본 근대도시형 목조주택인 마치야를 재생하여 보존한 곳이 있다. 일본 근대도시형 목조주택을 일컫는 마치야는 작고, 좁으며, 기다란 구조로 '장어의 잠자리'라 불리기도 한다.

마치야에는 단독형과 연립형 두 가지 형식이 있다. 아래층은 상가나 사무실이고, 위층은 일반 가구로 이루어진 목조 2층의 주상복합 형식과 한 동의 건물을 몇 개의 집으로 나눈 연립 형식의 나가야가 있다. 시간이 지나며 이곳에 있던 일본 근대도시형 목조주택들은 도시개발로 헐리거나 상점, 또는 다른 형태로 바뀐 곳이 많다. 나머지 일본 목조주택들도 생활의 불편함 등으로 내부를 약간 고치거나 외부가 바뀌었다. 그러나 아직까지 주인이 거주하며 일본 목조주택 내부의 형태를 유지하고 있는 곳도 있다.

인천 중구 신포로31번길 38, 이곳에 인천 관동갤러리가 있다. 이곳은 일본 근대도시형 목조주택 중 나가야형 마치야를 잘 볼 수 있는 곳으로 연립형 나가야를 재생하고 보존하고 있다.

사진작가로 활동하시는 류은규 씨와 역사 연구가이자 작가인 일본인 도다 이쿠코 한·일 부부가 운영하는 갤러리 공간이자 살림집이기도 하다.

관동갤러리 도다 이쿠코 관장님을 만나 이곳에 거주하며 이 공간을 재생하게 된 이야기를 들어보았다.

 관장님은 이곳에 어떻게 정착하게 되셨나요?

성인이 된 아들이 독립하게 되면서, 도시에서 살던 우리는 새로운 거주지를 찾기로 했습니다. 언젠가는 도시의 역사와 이야기가 남아 있는 곳에 살고 싶다는 소망이 있었어요. 그렇게 여러 지역을 찾아다니던 중 만난 곳이 바로 이곳 인천 '관동'입니다.

우리 직업과도 연관되며 도시의 기록과 사진 저술 자료를 통한 전시와 문화적 교류의 공간을 만들 수 있는 곳을 찾고 있었죠. 이곳을 처음 봤을 때 어린 시절 일본에서 살았던 연립형 서민주택 '나가야'가 떠올랐습니다. 인천에 이런 집들이 남아 있다는 것에 많이 놀랐습니다. 또 우리가 생각했던 공간을 실현할 수 있고 근대역사의 흔적이 남아있는 곳이란 점에서 "바로 여기구나"라고 생각했습니다.

이것이 관장님 부부가 구도심 인천 중구청 주변에 남아 있던 일본 근대도시형 목조주택 마치야를 만나게 된 계기다. 개항기 인천부청에 근무하는 관리들을 위한 관사로 지어졌을 나가야 형식의 마치야를 찾은 것이다. 이렇게 90년이 넘은 일본 근대도시형 목조주택 마치야를 재생하여 지금의 인천 관동 갤러리가 탄생되었다.

 90년이나 된 주택을 재생하기는 쉽지 않으셨을 텐데 그 과정을 듣고 싶습니다.

처음엔 살림집으로 한 채를 매입하여 생활하다 바로 옆 이웃집이 이사를 한다는 소식을 듣고 바로 옆집도 매입하여 두 채를 재생하기로 했습니다. 갤러리 앞에서 보면 왼쪽은 살림집이며, 오른쪽은 갤러리로 사용하고 있습니다.

 재생 공사에서 가장 중요하게 생각하신 부분은 어떤 것일까요?

약 1년간의 대대적인 공사를 거치며 그 원형을 보존함과 동시에 새로운 공간의 재생에 중점을 두었어요. 특히 이곳은 일본 목조주택인 만큼 그 보존에 큰 의미를 두고 재생과 복원공사에 바로 일본식 주택에 조예가 깊은 일본 건축가 도미이 마사노리 한양대 건축학부 교수와 함께했습니다.

도미이 교수는 "일본 주택이라서 일본인이 내가 수리를 맡고 싶은 게 아니라 한국에 낯선 일식 목조주택의 건축적 매력을 살리고 싶다."고 하셨습니다. 또 단순히 일본인 거류지였던 곳에 일본 주택이 남아 있는 것이 아니라 이곳은 개항기 인천의 역사로 그 기억과 흔적을 남기는 것에 더 의미가 있다고 하셨죠. 또 재생을 통하여 우리의 용도에 맞게 고쳐 새로운 공간으로 창조되었습니다. 왼쪽의 살림집 내부는 거의 그대로 두고 오른쪽 갤러리 공간을 재생하는 작업에 많은 공을 들이고 앞으로도 계속 이 집의 시간이 연속되기를 바랐어요.

💬 '나가야' 주택의 특징은 무엇인지 궁금합니다.

나가야는 한 동을 여러 채의 집으로 나눠, 집 여섯 채가 나란히 붙어 있는 구조입니다. 이웃집과 벽체와 지붕을 함께 공유하는 일본 서민 연립주택이라 할 수 있죠. 밖에서 보면 평면적인 벽면이 쭉 붙어서 이어져 있는 직사각형 모양으로 출입문을 통해 집과 집을 구분할 수 있고, 안쪽에 마당을 함께 공유하고 있습니다. 작은 공간에 많은 사람이 살 수 있도록 고려한 구조라고 할 수 있지요.

💬 관동갤러리에 관해 설명해 주시겠어요?

갤러리 1층은 1930년대 개항장 당시의 생활을 볼 수 있는 다양한 자료가 전시되어 있습니다. 갤러리로 사용하는 공간은 가급적 모든 재료를 그대로 살리고 그 흔적을 남기기 위해 애썼습니다. 곳곳의 벽체와 가스 배관이 지나갔던 모습도 그대로 남기고 손때 묻은 타일도 그대로 두고 옛 흔적을 지우지 않았습니다. 벽체 사이 나무 기둥도 보이도록 그대로 두었는데, 이 나무 기둥과 기둥 사이가 일본 주택을 지을 때의 기본 규격입니다. 일본은 주택을 지을 때 모든 것이 규격화되어 있어 이사할 때도 미닫이문과 다다미를 떼어 가지고 이사합니다.

갤러리 1층   1층 중정   갤러리 1층 화장실 있던 곳

나무계단을 따라 갤러리 2층으로 올라가면 사진작가로 활동하시는 류은
규 씨 작품을 전시하는 공간을 만날 수 있다.

갤러리 2층

그리고 3층으로 가면 꽤나 높은 공간이 나온다. 두 집 지붕의 천장 합판을 다 제거하여 지붕이 훤히 보이도록 개방하여 놓은 것이다. 천장 합판을 제거하여 새롭게 생긴 다락방 같은 공간은 책과 사진들을 볼 수 있는 서재 공간으로 재탄생되었다. 또 굵은 대들보가 그대로 드러나 보이도록 남겨 두었는데 이 대들보가 나가야의 원형 그대로 세대 구분 없이 옆집을 관통하여 서로 이어져 있다. 이는 일본 주택의 천장 모습을 아주 가까이에서 보고 일본식 목조로 만들어진 각종 구조물과 주택공사 기법 또한 자세히 살펴볼 수 있게 한 배려다. 집의 높은 천장과 1층부터 계단으로 이어지는 3층까지의 새로운 구조는 일본목조주택 원형을 그대로 보존하고자 한 도미이 교수님과 도다 관장님 부부의 노력이 돋보이는 공간이다.

갤러리 3층 다락방

▶ 다시 미래로 이어지는 시간

💬 관동갤러리가 앞으로 어떤 역할을 하는 장소가 되길 바라시나요?

현재 인천 중구청 일대에는 도쿄나 교토에 있었던 나가형 마치야가 다수 현존하고 있습니다. 이곳을 찾는 이들에게 일본식 목조주택이 많은 이유와 역사에 대해 알리고 싶어요. 오랜 역사를 가진 마치야의 재생과 활용을 통해 이 지역의 문화가 활성되고 경관이 잘 보전되었으면 합니다. 그리고 역사가 이어져 근대 건축박물관의 역할을 담당하면 좋겠습니다. 또 주변 한·중·일 여러 문화의 다양성을 체험할 수 있고 그것을 나눌 수 있는 다문화사회 교류 의 장이 되는 공간으로 남길 바랍니다.

　이곳 인천 관동갤러리, 이제는 도로명 주소 시행으로 이름조차 잊혀져가는 '관동'이라는 지명을 갤러리 이름으로 사용하며 오랜 역사의 시간을 기억하려는 도다 관장님이 계신다.

　처음 일본인 손으로 지은 이 집에 일본에서 태어나 한국인과 결혼하고 한국에서 살며 활동하고 계신 도다 관장님이 다시 살게 되었다. 그리고 백여 년의 시간을 거슬러 일본인 건축가가 설계하고 한일 다문화 부부가 함께 재생에 참여하여 그들의 쉼터이자 삶의 현장으로 이어지고 있다.

　시간의 흐름 속에서 잊히거나 사라졌을 공간, 일본 근대도시형 목조주택 마치야는 개항장 거리에 역사의 기억과 흔적을 간직한 공간으로 남게 되었다. 일본에 가서도 쉽게 보기 힘든 일본 목조가옥의 구조와 형태, 그 시간의 흔적까지 직접 보고 만날 수 있는 곳 인천 관동갤러리, 개항장의 역사와 현재의 삶이 만나는 참 의미 있는 공간이었다.

일본식
도시형 주상복합 양식
카페 '팟알(Pot-R)'

개항장 거리에 있는 '일본풍' 개조 건물
들과 달리 일본 느낌 그대로의 목조 건
물에 카페 팟알이 있다. 입구에 들어가
자마자 주문 카운터까지 이어지는 어
둑한 긴 복도 벽에는 팟알의 건물과 인
천 개항장의 역사에 관한 전시가 있어
작은 박물관 같기도 했다.

이 건물은 인천 개항기 시절에 지어져 이미 인
천과 백 년이 넘은 세월을 함께 하였다. 1885년
에 일본 하역 회사 '야마토구미(大和組)'의 사무
실 겸 숙소로 지어진 이 3층 목조 건물은 현대에
서는 주상복합이라 불리는 일본 전형적인 점포주
택인 마치야(町家) 양식의 건물이다.

당시 건물 1층은 사무실, 2·3층은 주거 공간으
로 사용되었다. 지금도 건립 초기인 19세기의 모
습을 많이 간직하고 있어 근대 건축사 연구에서

중요한 건축물이다. 그리하여 옛 일본 개항장 문화지구에 현존해 있는 유일한 3층 일본식 도시형 상가주택 양식의 건물로 문화재로 등록되어 있다. 2012년에 카페로 개조해 운영되고 있지만 내부 구조는 잘 보존되어 있어 인천 개항기 시절의 건축 양식의 풍모를 그대로 느낄 수 있다.

이 역사적 공간에 누구나 쉽게 접근할 수 있게 된 것은 현재 카페 주인의 노력 덕분이다. 이 낡은 '적산건물 (敵産建物, 적이 만든 건물. 우리나라에서는 주로 일제 강점기에 일본인이 만든 건물)'의 역사적 가치에 일찍 주목하고 전 집주인한테 보존과 재생의 의도를 전하며 건물을 매수했다. 그리고 개인 부담으로 이 건물을 최대한 건축 당시에 모습으로, 또한 누구나 방문할 수 있고, 수익도 올릴 수 있는 카페의 공간으로 리모델링했다.

카페 안쪽에는 작은 정원과 안채가 있고 2·3층은 일본식 다다미방으로 꾸며져 있다. 그당시 하역 노동자들이 머물고 생활하던 공간이었다고 한다. 항구 하역노동자들은 여기에서 생활하며 선박이 입항할 때가 되면 바로 일터로 뛰어갔다. 많을 때는 이 작은 공간에서 노동자가 백 명까지 생활했다고 한다. 그래서 일제강점기에 조선인들의 애환을 느낄 수 있는 공간이기도 하다.

약 130년 동안 동네를 지켜온 이 건물을 방문하는 대부분의 사람들은 이색적인 공간을 체험하고 싶은 관광객들이지만 가끔 사연이 있는 방문객도 있다고 한다. 카페 입구에 있는 계단을 말없이 매일 청소하고 가시는 어르신이 계셨다. 왜 이렇게 정성껏 청소를 해주시냐고 주인이 여쭤봤더니 예전 이 계단에서 연인과 데이트를 했던 추억의 장소였다고 하시며

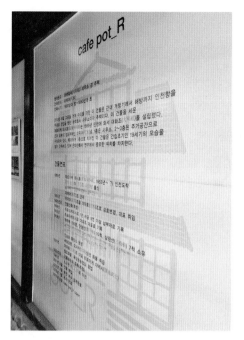

카페 '팟알' 대표 메뉴 팥빙수

카페 '팟알' 1층 전시장

이런 추억이 있는 건물을 그대로 보존해 주셔서 감사하다고 했다. 그런 에피소드를 들으니 한 건물을 보존하고 재생한다는 것은 역사적 가치는 물론이지만 거기에 살았던 사람들의 시간과 추억마저 간직한다는 것에 감동했다.

1890년대 일본 개항장 당시 일본인들이 이 지역에서 팥빙수와 카스텔라를 많이 팔았다는 문헌에 따라 카페 사장님은 주 메뉴를 단팥죽과 팥빙수, 일본 나가사키 카스테라로 정했다고 한다.

1층에는 인천에 옛이야기와 모습을 담은 서적과 그림 등을 전시 판매하고 있다. 드라마 촬영지로도 많이 활용되어 인천 개항장 거리를 구경할 때 가볼 만한 명소다.

인천에 남아 있는
역사 공간
'청일조계지 경계계단'

1883년에 일본인들의 거주 구역인 일본 조계지가 만들어지고 다음 해인 1884년에 청나라의 조계지가 바로 옆에 조성되었다. 그 조계지의 경계선에 따라 만들어진 것이 이 계단이다. 계단을 올라가면 한국 최초의 서구식 공원인 각국 공원(현 자유공원)과 연결되고, 계단을 올라가면서 인천 앞바다를 내려다볼 수가 있는 전망대가 나온다.

계단을 밑에서 올려다보고 왼쪽이 청나라 구역, 오른쪽이 일본 구역이었는데, 지금도 이 계단을 경계로 두 구역이 다른 모습을 보여주고 있다. 구 청나라 구역은 화교들 중심으로 만들어온 인천 차이나타운으로 빨갛고 화려한 중국식 건물, 음식점, 가게들이 많다. 구 일본 구역은 차이나타운과 다르게 지금까지 거주하는 일본인은 거의 없지만, 일본의 현대 건축물이나 도시형 연립주택인 '나가야(長屋)' 형태의 상가건물들이 남아 있다. 계단을 경계로 확 달라지는 길거리의 모습을 비교하는 것이 흥미롭다.

계단을 올라가 보면, 청나라 쪽엔 중국식 석등, 일본 쪽은 일본식 석등이 나란히 서 있다. (석등은 개항 당시부터 있던 것이 아니라 최근에 이 구역이 역사 관광지로 정비되면서 만들어진 것이다.) 석등은 일본에서도 신사, 절, 묘지 등지에 흔히 볼 수 있지만, 옛날에 불교의 전래와 함께 중국이나 한반도에 들어온 유물이다.

양쪽 석등을 비교해 보면, 중국 쪽 석등은 사각형으로 되어 있고 가운데 부분에 네 가지의 그림이 있는데 그것은 군자(덕과 지혜와 예절이 있는 사람)가 닮아야 하는 성질을 가진 '사군자'인 매란죽국(梅蘭竹菊, 매화, 난, 대나무, 국화)의 그림이 그려져 있다.

반면, 일본 쪽 석등은 원주형이고 가운데 부분에는 사슴 그림이 그려져 있다. 일본 신화 중에 타케미카즈치(建御雷神)라는 군신이 흰 사슴을 타고 지상에 내려왔다는 이야기가 있어 사슴의 그림이 있는 석등은 지금도 일본 현지의 신사 등에 가면 볼 수가 있다. 일본 석등을 위에서부터 살펴보면, 맨 꼭대기에는 부처님의 가르침의 상징인 보주(寶珠)가 있는데, 이것은 불길에 싸여 있어서 윗부분이 뾰족한 모양으로 올라가 있다. 그 밑에 순서대로 보주를 받히는 연꽃에 삿갓, 초를 넣는 부분인 화창, 그것을 다시 연꽃이 받치고 있고, 그 밑에 긴 지주, 제일 밑에 역시 연꽃이 받치고 있다.

석등의 모양을 비교하면서 계단을 올라가 보면, 중국에서 한반도, 일본에 전래된 석등문화가 오랜 시간을 거쳐 각 나라에서 각각의 모양으로 형태가 바뀌었다는 것을 느낄 수 있다. 계단의 가운데, 즉 당시 두 나라의 경계선이었던 곳에 한번 서보면 어떨까? 한 발은 일본, 한 발은 중국, 시공간을 넘어서 두 나라를 동시에 만날 수 있다.

누구에게나 열려 있는
복합문화공간
'제물포구락부'

개항장 거리에서 자유공원 언덕으로 올라가다
보면 품위 있는 건물 한 채가 눈길을 잡는다. 세
월이 느껴지지만, 여전히 우아한 품위를 느낄 수
있는 이곳은 120년의 역사를 간직한 인천시 유
형문화재 제 17호인 제물포구락부다.

　　제물포구락부(濟物浦俱樂部)는 1901년에 인천에 거주하던 독일·미국·러시아·일본 등 외국인들의 사교(교류) 모임 장소로 사용하기 위해 지어진 건물이다. '구락부'라는 말은 영어의 Club(클럽, 공통의 취미나 관심사를 통해 교류하는 모임)이라는 개념이 1800년대 후반 서양에서 일본에 들어와 번역 소개할 때 그 발음에 가까운 한자 '俱樂部'를 연결해 표현했는데, 그것을 한국식으로 읽으면 '구락부'가 된다.

　　1910년 일제강점기가 시작되고, 이곳은 일본인들만 독점하는 공간이 되어 1913년부터 정방각(精芳閣)이라는 이름의 일본 군인들의 모임 장소였다. 그러다 1934년부터는 부인회 모임 장소로 되었다. 해방 후 미군이 한국을 통치했을 때는 '미군사병구락부'로 사용되었고, 6·25 전쟁이 끝난 후에는, 시민들을 위한 공간으로 1953년부터 1990년까지 인천시립박물관으로 활용되었다. 한국 최초의 공립박물관으로서 전쟁의 아픔에서 새 삶을 위해 노력하는 시민들에게 이곳은 휴식과 교육의 장소가 되어 큰 역할을 했다.

　　하지만 1990년 인천시립박물관이 다른 곳으로 옮겨지면서 역사적인 장소로만 남아 있던 건물을 2020년부터 새롭게 재개관하여 드디어 시대에 걸맞은 '복합문화공간'으로 탈바꿈했다.

　　역사를 체험하고 시대를 느끼는 곳을 넘어, 사람 사는 세상의 정취를 체감하고, 사람들이 교감하고, 공간이 사람들의 삶의 현장이 될 수 있는 그런 공간을 만들고자 하는 것이 현재 제물포구락부 운영을 담당하고 있는 경성현 아트디렉터의 소신이다. 커피와 재즈에 박식한 그는 시민들이 제물포구락부에서 다양한 문화생활을 즐길 수 있도록 많은 고민을 거듭하고 있다.

　　이곳은 온라인 뉴스레터 '제물포구락부에서 온 편지'를 시작으로 다양한 그림, 사진, 책 등 작품 전시를 진행

하고 '재즈 브루잉' 등 다채로운 문화공간으로 변신했다. 제물포의 인문학 아카데미에서는 '읽는 커피스토리', '외국어는 어떻게 형성되고 전파되었는가?', '전통주의 과거, 현재 그리고 미래' 등 다양한 주제로 강좌를 진행했다.

이 공간에 방문했을 때는 '로마 시티'라는 주제로 전시를 진행하고 있었는데, 로마 여행을 가봤던 시민들로부터 여행에서 찍은 사진을 공모하여 로마에 대한 추억을 공유하고 있었다.

제물포구락부는 상상력이 맘껏 발휘될 수 있는 공간, 누구에게나 언제나 열린 공간, 시민이 큐레이션하는 공간, 그리하여 개항장에 사는 사람, 일하는 사람, 놀러 오는 사람들 모두가 만족하는 복합문화공간으로 변화하고 있다.

03
**개항장에서 만난
세계시민**

문화관광 해설사
장회숙 씨

이민을 가보니 고향을 더 사랑하게 되었어요

인천시가 운영하는 인천 투어 웹사이트에서는 미리 신청하면 무료로 문화관광 해설사의 안내를 받을 수가 있다. "일본 문화에 대해서도 잘 아는 분한테 안내받고 싶어요."라고 자세히 써서 신청했다. 그렇게 5월 한 화창한 날, 장회숙 해설사를 만났다.

2시간 동안 개항장의 구 일본 조계지를 중심으로 천천히 걸어 다니면서 숨어 있는 역사에 대해 많은 이야기를 들을 수 있었다. 건물의 벽돌, 돌계단 하나를 봐도 언제쯤 어디서 들어온 것들인지 장 씨의 이야기에 귀를 기울였더니 2시간의 역사 수업은 지금까지 들었던 어떤 역사 수업보다 흥미로웠다.

다 돌고 나서 일본인이 살았던 목조 가옥을 카페로 개조한 '카페 테이블 홍예'에서 차를 마시면서 인터뷰를 이어갔다.

💬 선생님 고향은 인천인가요?

네. 인천에서 태어나 계속 인천에서 살아온 인천 토박입니다.

💬 개항장 일대를 어렸을 때부터 잘 아셨나요?

어릴 때 작은 집이 여기서 철공소를 운영하여 여기 길거리를 많이 걸어 다녔었어요. 어떤 길거리에서는 그 어릴 때의 냄새까지 맡을 수 있을 정도예요. 항구에 배가 들어오는 것도 자주 보고 자랐어요.

💬 개항장은 어떻게 변화해 왔나요?

옛날에 더 예뻤어요. 인천은 다양한 외국인들이 거주하면서 서로 누가 더 예쁘게 건물을 지을지 경쟁을 한 것 같았어요. 개항장에서는 바로 바다를 바라볼 수가 있었는데 지금은 바다 사이에 경치를 막는 높은 건물들이 들어와서 갑갑한 느낌이 나요.

💬 인천시 관광해설사 일은 언제부터 하셨나요?

2008년에 인천시에서 1년 동안 교육을 받고, 2009년부터 해설사 일을 해왔어요. 올해(2022년)로 14년차네요.

💬 일본에서 10년 동안 사셨다고 들었습니다. 언제, 왜 가시게 되었나요?

1992년에 미국으로 이민 가서 자립하려고 준비를 했었어요. 그런데 그때 마침 중동전쟁이 일어나서 미국에 가는 비자가 일체 막혀버렸죠. 그래서 미국 이민은 포기하고 일본에 가게 되었어요. 이웃 나라 일본을 알아보자는 목적으로요.

💬 일본에서는 어떻게 생활하셨나요?

도쿄에서 일본 음식을 제공하는 이자카야(居酒屋, 술과 간단한 요리를 제공하는 음식점, 지역 시민들의 친근한 모임 장소이기도 하다)를 경영했어요. 정말 열심히 일했어요. 점심시간부터 영업을 시작해서 오후에 좀 쉬다가 다시 저녁 때부터 새벽 3~4시까지 가게 문을 열었어요. 매일 늦게까지 일을 해야 해서 몸은 힘들었지만, 손님들과 이야기를 나누는 것이 너무나 즐거웠어요.

💬 어떤 손님들이 계셨나요?

그 가게가 도쿄대학교, 도쿄예술대학교 바로 근처에 있어서, 단골로 오시는 분들이 그 대학의 교수들, 학생들이었어요. 그래서 흥미로운 이야기도 많이 들을 수가 있었고 예대생들한테는 그림을 보는 법도 배웠어요. 신문 기자들도 많았고요. 일본 야구팀 요미우리 자이언츠의 홈그라운드인 도쿄돔도 가까워서 TV를 틀어서 응원하기도 했었어요.

💬 매일 가게가 살아 있는 배움터였겠어요.
가게를 잘 운영하시다가 어떻게 다시 한국에 들어오게 되셨나요?

2002년에 일본 고이즈미 총리가 야스쿠니 신사를 방문하는 것에 대해 가게에서 논쟁이 일어나 고향이 그리워졌어요. 어머니가 해주셨던 미역국 맛도 생각이 나고 꿈에 태어나서 자란 집이 나오기도 하고. 향수병에 걸렸지요. 그래서 급히 가게를 정리하고 다시 고향인 인천에 들어오게 되었어요.

오늘 개항장을 안내해 주시면서 인터넷이나 관광안내 책자에도 없는 인천의 역사, 그리고 일제강점기 때 일본인들의 삶에 대해 많은 이야기를 들을 수 있어 저한테도 너무나 소중한 시간이 되었어요. 13년 동안 해설사 일을 하시면서 기억에 남는 이용자가 있을까요?

네. 일본에서 찾아오신 할아버지들인데요. 인천 개항장에 있는 인천 신흥초등학교(구 아사히 초등학교)에 다녔던 분들이었어요. 어릴 적 살았던 집 주소를 가지고 인천을 방문하셨는데, 다니시던 학교가 지금도 그곳에 남아 있고, 사시던 집 건물도 남아 있는 것을 보고 좋아하셨어요. 찾은 집의 현재 집주인을 아는 경우에는, 제가 양해를 구해서 집안까지 들어가 구경한 적도 있었어요. 코로나로 2년 동안은 해외에서 오시는 분들은 거의 없었지만… 다시 외국에서 관광객이 들어오게 된다 해도 그 어르신들은 이제 연세가 많으셔서 오시기 힘드실 것 같아요.

한국인 이용자분들은 대부분 개항장이 관광 코스라서 오세요. 또, 근·현대사를 연구하시는 서울대나 중앙대의 교수님, 연구자분들은 논문 제목을 잡기 위해 오시는 경우도 많고요. 한 번은 한 교수님이 30분만 이야기해 달라고 오셨는데 저랑 이야기를 나누다 보니 더 듣고 싶다고 하셔서 결국은 4시간 동안 이야기를 나누고, 저녁까지 같이 먹게 된 적도 있었어요.

 선생님은 머릿속에 들어가 있는 자료들이 너무 많아 걸어 다니는 박물관 같다는 생각이 들었는데 아마 교수님도 그렇게 느끼셨을 것 같아요. 오랜 시간 동안 많은 분께 인천을 안내해 오셨는데, 해설사 일을 하시면서 가장 보람을 느꼈던 순간은 언제일까요?

내가 태어나서 자란 곳이 여기 인천이에요. 사랑하는 내 고향 인천의 역사와 매력을 다른 분들한테 전할 수 있다는 것 자체가 큰 기쁨이에요.

 저도 일본 니가타가 고향인데 제 고향을 무지 사
랑합니다. 그 마음은 제가 고향을 떠나서 더욱 커진 것 같아요.

　맞아요. 저도 한번 고향을 떠나 일본에 오랫동안 살아봤잖아요? 그래서 고
향이 더 그리웠고, 고향의 매력을 더 깊게 느끼게 된 것 같아요.

마지막으로 앞으로 인천 개항장을 찾아올 사람
들에게 한 마디 전해 주실 수 있을까요?

　　인천은 우리나라 현대의 시작이고 굉장히 중요한 곳이에요. 그 인천의 역사
가 우리가 원하는 좋은 추억이 아니더라도 중요한 역사의 흐름이고 우리가 꼭
알아야 하는 부분이에요. 그래서 인천에 대해 더 많은 관심을 가지고, 인천을
사랑했으면 좋겠어요.

　　인천 개항장을 찾을 때, 그냥 맛있는 식당이나
예쁜 카페 방문으로 그치지 않고 해설사의 안내
를 받아 개항 이후의 시간의 흐름을 느끼는 특별
한 여행을 해보는 것이 어떨지 권해 본다.

카페 테이블 '홍예'
인천광역시 중구 홍예문로 26-1
전　　화 070-4062-1409

인천시 문화관광 해설사 신청
 - https://culture-tour.incheon.go.kr/ctgMain.do

04
개항장에서 맛보는 일본 음식과 문화 이야기

일본의 흔적이 남아 있는 개항장에서 일본 음식을 먹는 것은 의외로 어려웠다. 구 청나라 조계지에는 화교들이 많이 남아 있어 중국식당들이 빽빽이 있지만, 구 일본 조계지에는 해방 후 일본인들은 다 떠나서 일본 음식을 먹을 수 있는 곳이 거의 없다. 그래도 맛있고 또한 개항장에서 먹는 의미가 있는 곳을 힘들게 찾아 소개해 본다. 지금 일본 음식으로 널리 알려진 것들도 유래를 찾으면 다른 문화권에서 들어온 것들이 많다. 아래에 소개하는 음식도 그런 문화가 융합된 음식이다.

일본의 국민 음식, 덴푸라와 텐동

가정에서 자주 먹는 음식이기도 하고 고급스러운 식당에도 등장하는 덴푸라(天ぷら, 튀김)는 생선이나 채소에 밀가루 튀김옷을 입혀 기름으로 튀긴 음식이다. 지금은 일본을 대표하는 음식으로 유명해져서 일본에서 시작한 음식이라 생각을 할 수도 있겠지만, 유래는 유럽에 있다.

1500년대 무역 관계를 시작한 포르투갈에서 온 사람들에 의해서 밀가루를 사용하는 서양식 튀김 조리법이 처음으로 일본에 소개가 되었다. 그래서 '덴푸라'의 이름도 원래 '조리하다, 양념(하다)'를 뜻하는 텐페로(tempêro)라는 포르투갈어에 유래한다고 한다. (그 외에도 여러 설이 있다.)

당시 포르투갈에서 온 배는 일본 남쪽에 있는 나가사키의 항구를 통해서 들어왔다. 그래서 덴푸라도 처음엔 나가사키에서 시작한 서양식 음식이었다. 당시 기름이 귀한지라 기름을 많이 사용하는 덴푸라는 고급 음식이었지만, 에도 시대(1603~1868)에 들어와 기름이 많이 생산되면서, 수도 에도(현재 도쿄)에서 서민의 음식으로 인기를 끌게 되었다.

원조 덴푸라인 나가사키 덴푸라는 튀김옷이 두껍고 반죽에 설탕을 넣어 튀겨 단맛이 난다. 이에 반해 일본 전국에서 먹고 있는 일반적인 덴푸라는 아주 얇고 간을 하지 않는 튀김옷을 입혀 담백

온센
인천광역시 신포로35번길 22
전　화 070-8861-8011

하고 재료 본연의 풍미를 즐길 수 있다. 덴푸라는 이렇게 알고 보면 서양의 튀김 문화가 일본에서 독자적으로 변화된 음식이다.

텐동(天丼, 튀김 덮밥)은 원래 '덴푸라 돈부리(天ぷら丼ぶり)'라고 하는데 줄여서 텐동이라는 이름으로 알려져 있다. 덴푸라를 밥 위에 올리고 간장 베이스에 소스를 뿌려서 먹는 튀김 덮밥이다. 일본에서는 한국과 같이 밥을 주식으로 먹는 문화라서 뭐든지 밥 위에 올려서 '돈부리' 스타일로 먹는 것을 좋아한다. 텐동 이외에도 유명한 돈부리로 오야코동(부모자식동, 닭고기와 계란이 같이 있어 붙인 이름), 규동(소고기 덮밥), 우나동(장어 덮밥) 등 다양한 돈부리가 있다.

한국에서는 분식집에서 편하게 튀김을 먹을 수가 있지만, 일본의 덴푸라가 그리웠던 나는 개항장에 있는 텐동 가게 '온센'을 발견했을 때 정말 기뻤다. 처음엔 아무 기대 없이 들어갔지만, 일본에서 먹었던 텐동 그대로의 맛에 감탄하고 너무 맛있게 먹었다. 나중에 알아보니까, 온센의 젊은 사장님은 일본에서 요리를 공부하셨고 TV '골목식당'에도 나와 백종원 요리사한테도 극찬을 받으신 분이었다. 이 온센 본점이 성공을 해서 지금은 전국에 체인점을 많이 내셔서 사장님은 여기저기 다니시는 모양이지만, 저희가 취재로 식당에 간 날은 본점에 계셨다. 그래서 장인 사장님이 만들어 주신 텐동을 직접 먹을 수가 있었다.

바삭한 얇은 튀김옷에 튀긴 새우, 버섯, 꽈리고추, 김, 달걀, 가지의 덴푸라가 달짝지근한 간장 소스와 잘 어울려서 밥과 함께 먹는데 젓가락이 쉴 틈 없이 깨끗하게 먹었다. 깨끗한 그릇을 보니까 생각이 난 것은 어렸을 때부터 주위 어른들이 하신 말씀이다. "밥 한 알엔 7명의 신이 살고 있단다. 그러니 한 알도 남기지 않고 감사하게 먹어야 한다."

나가사키
카스텔라

지금 한국에서도 흔히 먹을 수 있는 '나가사키 카스텔라(カステラ)'는 밀가루에 달걀, 우유 설탕만 넣고 구운 소박하면서도 달콤하고 부드러운 빵과자다. 1500년대 말기쯤 포르투갈에서 일본에 무역하러 온 상인들과 선교사들을 통해 카스텔라의 원조가 되는 과자가 일본에 소개되었다. 카스텔라의 이름은 여러 설이 있지만, 당시 일본인이 이 빵에 이름이 뭐냐고 포르투갈인한테 물었는데 '스페인의 카스티야(Castilla) 왕국에서 먹는 빵이다.'라고 설명하는 것을 듣고 그 과자의 이름인 줄 알고 카스텔라라고 불리게 되었다고 한다. 카스텔

라의 원조가 되는 과자는 스페인의 비즈코초(Bizcocho)라고 하는 해군이 보존식으로 먹었던 건빵이라는 설과 포르투갈의 '빵 드 로(pão de ló)'라고 하는 부드러운 구운 과자라는 설이 있다.

서양식 구운 빵 과자가 일본에 들어와 약 400년 동안 일본에서 일본인에 입맛에 맞게 변화해, 지금 '나가사키 카스텔라'의 모습이 되었고, 일본 전통 과자 중의 하나로 당당하게 자리를 잡았다.

서양과 일본의 음식문화가 만난 카스텔라를 한국에서 서양의 문화가 먼저 들어온 인천 개항장에서, 또 일본의 목조주택을 개조한 팟알 카페에서 먹어보는 것은 아주 특별할 경험이었다.

팟알
인천광역시 신포로27번길 96-2
전　화 032) 777-8686

PART 3
서로에게 배우는
세계시민의식

취재단이 느낀 대한민국의 세계화

권오걸

대한민국의 세계화는 해방 이후 6·25 전쟁과 '88 서울올림픽을 이야기할 수 있다. 전자는 대한민국의 어려운 환경으로 알려지고, 후자는 부유한 나라로 발전하는 계기가 된 세계화의 전환이라고 할 수 있다.

한국에서 살면서 IMF를 겪고 어려움의 시기는 계속 있었지만 어느새 대한민국이 세계 속의 중심이 되어 있는 걸 느낄 수 있었다. 중앙아시아를 취재하면서 중앙아시아 거리가 만들어진 것이 '88 올림픽 이후 1991년 소련의 붕괴로 독립국가가 되고 외교관계가 성립되면서 자유무역체계가 시작되었기 때문임을 알 수 있었다.

이렇게 대한민국의 세계화는 내부적으로도 느낄 수 있지만, 더 직접적으로 느낄 수 있었던 것은 역시나 여행을 하면서 각국에서 볼 수 있었던 삼성과 현대 등 우리 기업 제품들이었다. 이제 어느 나라에서나 볼 수 있는 한국 식품점, 한국 자동차. 한국 스마트폰… 세계화의 중심에 한국이 있음을 실감할 수 있었다.

김미진

지금은 다문화사회라는 말이 어색하지 않을 정도로 주변에 많은 문화의 다양성을 가진 사람들을 만날 수 있다. 그러나 함께 각 나라의 문화를 이해하고 접할 수 있는 공간이나 프로그램은 많지 않다. 다문화스토리북 일본 편을 취재하며 한·중·일 세 나라 취재진과 함께 가까운 듯 먼 나라 일본 속으로 들어가 보았다. 한국에 남아 있는 일본의 주거형태를 직접 찾아가 보고, 음식을 맛보고, 생활사를 체험하며 일본의 생활과 문화를 좀 더 가깝게 접할 수 있는 계기가 되었다. 이를 통해 일본 사람들의 문화와 정서까지 다 이해했다고 할 수는 없을 것이다. 그러나 이 다문화 스토리북을 통하여 일본의 역사와 문화와 생활 등, 멀게만 느껴졌던 타 문화권의 삶의 모습을 친근하게 이해하고 다가갈 수 있는 소중한 시간이 되었고 조금씩 그 간격이 좁아졌음은 분명하다.

김흥선

우리는 오래 전부터 들어오던 '단일민족', '단일화'라는 단어가 언제부터인가 다문화, 세계화로 변경되었다.

차이나타운을 취재하면서 많은 것을 생각하게 됐다. 한국에는 차이나타운이 있듯이 해외에는 코리아타운이 있다. 작게는 아시아허브를 느끼게 되고 더 나아가 세계화를 보는 눈이 조금은 넓어지는 것 같다. '세상은 넓고 할 일은 많다'는 어느 재계 원로가 하신 말씀이 생각이 난다.

우리는 우물 안의 개구리가 아니라 더 넓은 세상에 다 같이 공동체의 시각으로 살아야 한다. 현재의 국가경제도 단일화만으로는 쉽게 굴러가지 않는 것 같다. 해외의 다양한 문화와 인력이 함께해야 정상적으로 돌아가는 세계화의 세상이 되었다.

작지만 무엇인가 하나의 목표를 달성하기 위해서는 부족한 사람들이 모여 다 함께 마음을 모아야 나름대로의 성과가 나타나듯이 특히 이번 다문화 스토리북 취재단 활동에서 더욱 더 느껴본다.

이것이 바로 작지만 다변화 다문화 세계화의 첫걸음이 아닌가 생각해 본다.

노상균

세계시민이란 누구인가? 지구촌의 문제가 우리의 문제임을 깨닫고 이를 해결하고자 노력하고 협력하는 자세를 지닌 사람들을 세계시민이라 정의할 때 '의식'과 더불어 '교육' 또한 우리에게 정말 소중함으로 다가오는 것 같다.

'세계화'라는 거대 담론을 떠나, 금번 현장수업을 통하여 나와 이웃을 한번쯤 되돌아보는 시간이 되었다. 환경적인 장애요인을 핑계로 이주민과 그들의 삶에 대한 관심이 부족하기도 하였지만, 무엇보다 편협되고 고착화된 나의 생활도 큰 몫을 한 것 아닌가 생각하는 계기가 되었다.

교육과 체험을 통해서 알아가고, 이해하는 것도 소중하지만 작은 부분이라도 함께해서 결실을 맺는 것도 중요하다는 생각을 했다. 가까운 곳에서 이주민과 선주민이 함께 시작할 수 있는 일들은 없을까? 나부터 오고가는 발걸음에서 좋은 생각을 구하고, 이웃과 선한 마음을 나누는 통로가 되고자 한다.

류순이

4년 전 몽골에 다녀왔다. 문명과 떨어진 초원에서 여름휴가를 보내고 떠나올 때 꼭 다시 올 거라고 다짐했는데 코로나 팬데믹이 찾아왔고 해외여행에 관한 생각은 접고 살아야 했다. 이번 과정에서 자연스럽게 몽골을 선택했다.

다문화스토리북 취재 활동을 하면서 귀화한 이주민을 만났다. 선주민과 다를 바 없이 열심히 사는 한국 사람을 보고 한국말을 너무 잘한다고 내심 놀라워했다. 이제는 엄연한 한국인인데 외국인으로만 보고 싶었던 것은 아닐까, 나도 모르게 이주민에 대한 선입견을 품고 있었던 것은 아닌지 반성하는 계기가 되었다.

하나의 지구촌이라고 말하고 있는 다문화사회에서 더불어 잘 살아가기 위해서는 다양성을 존중하며 이주민을 반가운 이웃처럼 만나고, 은연중 갖는 편견부터 버리는 것이 세계시민상에 가까워지는 길이 아닐까 싶다.

청소년들에게도 다문화에 대한 이해와 체험활동을 통한 다양한 세계시민교육이 이루어졌으면 좋겠다. 몽골 울란바타르문화진흥원처럼 2001년부터 다양한 교류 활동으로 한국과 몽골을 잇는 가교역할을 하는 곳도 있지만, 몽골문화를 접할 수 있는 곳이 극히 제한적이라는 것이 아쉬움으로 남았다.

신윤석

몽골팀이 취재 전 정한 주제는 '나, 친구 집에 놀러간다'였다. 오늘날에는 여행도 자유롭고 여러 가지 SNS의 발달로 소통이 활발하다. 하지만 세계시민이 되기 위해서는 이론교육만으로는 한계가 있다. 그 옛날에는 펜팔을 통하여 상호 방문을 하고, 귀중한 인연을 맺기도 하였다. 지금 우리는 다문화, 다인종과 함께 하는 사회. 어떤 설문조사에서 '만약 당신의 자녀가 다문화 학생과 함께하는 것에 동의합니까?'라는 질문에 많은 선주민들이 '아니다'라고 답변했다고 한다. 우리는 배움과 종교 등을 통해 많은 가르침을 받지만 직접 행함이 없으니 통합이 어렵다.

이러한 이유로 나는 다문화 학생과 1인 1가족 다문화 자매결연을 맺어 방문하고 초대함으로써 자연스럽게 서로를 이해하고 공감하는 실천 교육이 필요하다고 생각한다. 예를 들어 몽골의 호쇼르를 음식점이 아닌 친구집에 초대되어서 먹고, 선주민 친구가 중도입국 친구를 초대하여 떡국이나 불고기 등 한국 음식을 대접하는 것이다. 이는 상호 방문을 통해 음식뿐만 아니라 그들 생활양식을 자연스럽게 체험할 수 있는 기회가 될 것이다.

조그만 일이라도 행함이 있는 세계시민이 되었으면 한다.

안효숙

아주 오래 전에 부모님을 뵈려 종종 진천에 내려갔다. 오고 가는 길에 남성 외국인들을 자주 보았다. 그때 내 눈에 비친 그들은 이색적이었다. 짧은 흰색 이슬람식 셔츠를 입은 그들은 약간 어두운 피부색에 체격이 크지 않았다. 서남아시아인으로 짐작되었다. 나는 이런 시골까지 와서 삼삼오오 어울려 다니는 그들이 신기했다. 이미 우리 곁에 세계화가 진행되고 있었던 것이다.

취재단으로 활동을 하면서 우리나라 구석구석에서 이주민들이 한국생활에 적응하려는 노고를 알게 되고 듣게 되었다. 그 노력의 발자취를 따라가면서 처음 알게 된 거리와 마을을 방문했다. 그곳은 대한민국 거리이지만 한글 간판보다 외국어 간판이 더 많았다.

그들 나라에 직접 가지 않고도 우리나라에서 그 이주민들의 전통적인 생활문화 등을 체험할 수 있는 곳을 소개할 수 있어 기뻤다. 그들이 한국생활에서 정착하는 노력과 열정에 아낌없는 응원을 보낸다.

주영아

서로 다른 문화들이 한국 안에서 공존하고 있고, 한국문화도 세계 속으로 퍼져나가고 있다. 그 속에서는 문화갈등도 있을 수 있고 서로에 대한 오해와 편견이 있을 수도 있다.

나 역시 다문화스토리북 취재활동 전에는 다문화에 대한 편견이 있었고 특정국가에 대한 오해도 있었다. 그러나 취재를 하면서 이주민들과 선주민들이 이러한 문화적 갈등을 없애기 위해 노력하고 있으며 또 다른 문화가 생기기도 한다는 걸 깨우치는 계기가 됐다. 마치 외국음식이 한국에 들어와 한국화되어 새로운 음식이 탄생하는 것처럼 말이다.

그런데 지금 이 시점에서 나를 비롯한 우리가 과연 세계시민으로서 자격이 있을까를 생각해 본다. 예를 들어 이슬람문화나 우리에겐 생소한 아프리카문화 등을 우리는 과연 얼마나 받아들일 수 있을까? 세계화로 인한 문화와 인종의 다양성 시대에, 우리는 같이 잘 살 수 있는 포용력 있는 자세가 필요하고 그동안 내재되어 있던 편견과 오해를 버려야 한다.

취재를 계기로 만난 이주민들, 고려인들 그리고 같이 취재단 활동을 한 이주민 선생님들 덕분에 세계시민으로서 한 단계 성장한 것 같다.

최충호

국내 거주 캄보디아인들은 다른 중국이나 베트남 이주민들처럼 모여 사는 곳이 없다. 그래도 경기도 수원시가 앙코르와트가 있는 캄보디아 시엠레아프 주와 국제자매도시로 연결되어 수원 역전시장, 인계동 인근에서 캄보디아를 만날 수 있었다.

역전시장 지하 다문화푸드랜드에는 두세 개의 캄보디아 전문식당이 있어 수원인근 거주 캄보디아인들의 사랑방 역할을 하고 있었다. 취재를 하면서 캄보디아가 더 가까이 다가왔다. 주인아주머니가 근로자로 일하러 왔다가 한국인 남편과 결혼하여 한국 국적의 결혼 이주민이 되고 아들까지 낳았다고 한다. 열심히 살고 있는 그녀의 모습은 과거 우리 나라사람들이 미국에 일하러 가서 자리를 잡아 미국 시민이 되던 모습과 매우 닮아 있다. 이런 모습을 볼 때 우리는 이미 세계시민으로 살고 있구나, 느껴졌다. 우리의 청소년들이 지속가능한 미래의 주역으로 또 세계시민으로 살아가는 데 자그마한 도움을 주기 위해 캄보디아 세계시민 이야기를 취재하고 글을 썼다. 수원 일대 캄보디아 관련 다양한 이야기와 공정무역 관련 캐슈너트 이야기가 미래세대, 캄보디아 이주민 그리고 캄보디아 현지인이 함께 지속가능한 발전을 이뤄가는 원동력이 될 수 있길 바란다.

황승임

우리는 지금 지구촌에 살고 있다. 지구촌이란 지리적으로 먼 거리에 있더라도 한 마을에 같이 사는 것과 같은 편리함을 느끼는 것이다. 인터넷 망이든, 스마트 기기를 이용해서든 수시로 의사소통을 하고, 얼굴을 보며 대화할 수 있다. 또한 그 나라에 사는 것처럼 어디에서건 현지 음식을 먹고, 물건을 살 수도 있다.

서울 속의 베트남 문화를 취재하면서 베트남이 우리 곁에 가까이 있음을 알게 되었다. 요즘 길을 걷다 보면 베트남 음식점이 자주 눈에 띤다. 베트남 음식은 직장인이 점심으로 가볍게 먹을 수 있다. 베트남 커피는 어떤가? 이태원뿐 아니라 곳곳에 외국인 마트가 있다. 이곳에는 베트남뿐만 아니라 인도, 말레이시아, 캐나다 등 다양한 외국의 식품을 마음껏 살 수 있다. 외국어도 하루에 한 번씩은 듣게 된다. 베트남에 가지 않더라도 아쉬움이 없다. 우리가 인지하든 아니든 이미 세계화 시대다. 한 가지 아쉬운 점은 지금 팬데믹 시대를 맞아 아름다운 현지의 풍경을 보지 못하는 것뿐이다.

이주민이 말하는 대한민국 청소년의 강점

김하연

한국은 살기 좋은 나라이며 사람들이 친절하다. 이러한 이유로 한국에 이민 오거나 유학 또는 사업으로 들어오는 외국인들이 많다. 우리의 청소년들은 다양한 모습과 문화를 접하면서 다문화가정 친구들, 중도입국 친구들과 가깝게 지내고 있다. 이웃나라 친구들의 문화도 이해하려고 노력하고 있는 청소년들을 보면 참 대견하다.

한국에서는 청소년들이 어린 시절부터 다양한 교육을 받고 체험하면서 자란다. 특히 글로벌 시대를 맞아 세계시민교육을 받는 청소년들이 많아지면서 서로 다른 문화에 대한 오해를 이해로 바꿔가고 있다. 앞으로 더 아름다운 세상을 만들어 낼 대한민국 청소년들에게 기대가 크다.

김해연

현재 대한민국 청소년들은 정규과정에서 세계시민성을 배우고 있다. 여러 주제로 세계시민교육을 진행하고 있기에 대부분 세계시민의식을 갖추고 있다. 대한민국의 정규 교육과정에서 다루는 세계시민교육의 수준은 다른 국가와 비교해도 매우 높은 편이다.

그러나 청소년들이 세계시민성에 공감하기 위해서는 지식으로만은 부족한 것 같다. 눈높이에 맞는 체험 프로그램이 필요하다고 생각한다. 글로만 접하는 청소년들에게 세계시민 감수성을 기대하기는 힘들다. 청소년들은 체험하고 서로의 생각을 교환하면서 세계시민성을 더욱 쉽게 접할 수 있다. 학교에서 진행할 수 있는 다양한 나라의 문화체험도 좋지만 현장에 찾아가는 문화체험은 더욱 의미 있고 더욱 쉽게 공감할 수 있다. 이 책이 청소년들의 세계시민 감수성 형성에 많은 도움이 되길 바란다.

박예나

몽골 출신인 내가 나의 청소년 시기를 되돌아보면 지금의 청소년들과는 큰 차이가 있다. 나는 청소년 시절, 오늘보다 미래가 중요했다. 그런데 지금의 청소년들에게는 현재 내가 보고 느끼고 있는 게 가장 중요한 것 같다.

내가 학교 다닐 때는 지금 아무리 어렵고 힘들어도 미래를 위해 이 정도는 견딜 수 있다고 생각했는데, 한국 청소년들을 보면 미래를 설계하기보다는 지금 당장 좋은 차를 타고, 좋은 것을 사는 데 집중하는 느낌이다. 물론 현재를 즐기는 것도 중요하다. 하지만 미래를 위해 현재의 고통도 참고 견딜 수 있어야 한다고 생각한다.

사야카

한국에 온 지 10년 차인 일본인 이주민. 어떤 나라의 음식도 맛있게 먹을 줄 아는 다문화 세계시민교육 강사다. 대학 시절, 20개국의 유학생들을 위한 도우미로 기숙사 생활을 함께 하며 문화 다양성을 생활 속에서 체험할 수 있었다. 5년 동안 일했던 UN 사무실에서는 아시아 국가들 대상으로 환경을 위한 국제회의를 열기 위해 다양한 나라의 국가공무원들, 전문가들과 교류를 하며 나라마다 있는 관습이나 예절에 대해 배울 수 있었다. 또한 한국에 온 계기도 유네스코의 청년 문화교류 캠프였다. 계속해서 문화를 교류하며 살아왔기에 책에서, 수업에서 학생들을 만나 문화 이야기를 나누는 것은 언제나 가슴이 설레는 일이다.

이번에 국내에서 일본문화를 만날 수 있는 곳을 찾다가 인천 개항장을 찾았다. 한국 현대의 시작인 인천 개항장을 한국과 중국의 선생님과 함께 탐방하는 것에 깊은 의미를 느꼈다. '130년 전에는 여기서 조선 사람, 청나라 사람, 일본 사람들이 어떤 관계로 존재했을까?' 상상해 보기도 했다. 개항장에서 일본을 느낄 수 있어 그리운 고향 생각도 나지만, 마냥 기뻐할 수만은 없는 일본의 강제 식민지 지배의 역사가 있다. 적이 만든 건물들이니 다 없애자는 의견 속에 많은 건물이 없어졌고 형태를 바꿨지만, 그 아픈 역사를 잊지 않기 위해 보존하고, 그 역사적 공간을 새롭게 활용하려고 하는 시도들이 멋있게 느껴졌다. 우리 청소년들도 이런 포용적인 자세로 세계를 받아들일 수 있길 바란다.

왕취봉

청소년은 보호의 대상으로만 여겨오던 나의 청소년기, '청소년은 청소년답게'라는 말과 함께 '안 된다'라는 말을 많이 들었다. 일상생활에서도 하면 안 된다는 규제와 제약이 너무도 많았던 것 같다.

하지만 현재 대한민국 청소년들을 보면 자기관리에 철저하고 개성이 넘치며 다른 사람들의 시선을 크게 의식하지 않는다. 본인이 하고자 하는 일에 대해 당당하게 말할 수 있는 모습이 나의 청소년기와 비교되면서 부럽고 멋져 보였다.

윤 영

　중국에서 온 다문화가정의 일원으로 한국에서 십 년 넘게 생활하면서 다양한 나라에서 온 사람과 소통해 왔다. 한국에서 이렇게 많은 나라 사람들과 함께 교류하는 것이 놀랍고 신기할 때가 많다. 나는 중국에서 왔지만, 이번 다문화스토리북 만들기 프로젝트를 계기로 한국에 있는 세계 각국의 문화와 풍습을 알고 싶었다. 예전부터 일본을 좋아하고 일본에 대해 관심이 많아 일본 파트를 선택했다. 익숙한 듯 낯선 이웃나라 일본, 이번 프로젝트를 통해 우리 청소년들도 일본에 대해 좀 더 가까이 가는 기회가 되었으면 좋겠다.

이유진

　국제결혼 후 러시아에 살다 한국으로 왔다. 이미 초등학생이 된 아이를 데리고 한국에 왔을 때 어려움도 많았다. 특히 한국은 학업을 중요시해서 아이들이 늦은 시간에도 학원, 독서실 등에서 공부를 했다. 그 과정을 우리 아이에게도 도입시킨다는 게 쉽지는 않았다. 하지만 한국의 미래지향적이고, 노력하는 모습을 꼭 본받고 싶었다.

이지현

　캄보디아 출신인 나는 한국에 와서 청소년들의 공부 시간에 깜짝 놀랐다. 특히 고 2, 3 학생들이 새벽까지 독서실에서 공부한다는 것은 놀라운 일이었다. 물론 사람마다 다르지만 청소년들이 공부하는 시간 외에도 아르바이트를 한다는 것이다. 청소년 시기에 벌써 자기 삶의 주체가 되어 살아가는 모습은 대단한 것 같다.